U0581847

editorialSol90

图说人类文明史
玛 雅

西班牙 Sol90 出版公司 编著

同文世纪 组译 陈璐 译

中国农业出版社
农村读物出版社
北 京

图书在版编目（CIP）数据

图说人类文明史. 玛雅 / 西班牙Sol90出版公司编著；
同文世纪组译；陈璐译. — 北京：中国农业出版社，
2024.9
　ISBN 978-7-109-28582-8

Ⅰ. ①图… Ⅱ. ①西… ②同… ③陈… Ⅲ. ①玛雅文
化－文化史 Ⅳ. ①K12

中国版本图书馆CIP数据核字(2021)第155646号

GRANDES CIVILIZACIONES DE LA HISTORIA

Mayas

First edition © 2008, Editorial Sol90, Barcelona
This edition © 2020, Editorial Sol90, Barcelona, granted in exclusively to China Agricultrue Press for its edition in China.
www.sol90.com
All rights reserved. No part of this publication may be reproduced, stored in a retrieval system or transmitted, in any form or by any means, electronic, mechanical, photocopying, recording or otherwise, without the prior permission of the copyright holder.

Author: Editorial Sol90

Based on an idea of Daniel Gimeno
Editorial Management Daniel Gimeno
Art Direction Fabián Cassán
Editors 2019 Edition Joan Soriano, Alberto Hernández
Writers Juan Contreras, Gabriel Rot
Research and Images Production Virginia Iris Fernández
Proofreading Edgardo D'Elio
Producer Marta Kordon
Layout Luis Allocati, Mario Sapienza
Images Treatment Cósima Aballe
Photography Corbis, Science Photo Library, Getty, Sol90images
Illustrations Dante Ginevra, Trebol Animation, Urbanoica Studio, IMK3D, 3DN, Plasma Studio, all commisioned specially for this work by Editorial Sol90.
www.sol90images.com

图说人类文明史

玛雅

First edition © 2008, Editorial Sol90, Barcelona
This edition © 2020, Editorial Sol90, Barcelona, granted in exclusively to China Agricultrue Press for its edition in China.
All Rights Reserved.

本书简体中文版由西班牙Sol90出版公司授权中国农业出版社有限公司于2023年翻译出版发行。
本书内容的任何部分，事先未经版权持有人和出版者书面许可，不得以任何方式复制或刊载。
著作权合同登记号：图字01-2020-4980号

中国农业出版社出版

地址：北京市朝阳区麦子店街18号楼
邮编：100125
项目策划：张志 刘彦博　责任编辑：黎思玮　责任校对：吴丽婷　责任印制：王宏
翻译：同文世纪 组译 陈璐 译　审定：柳文武　丛书复审定：刘林海　封面设计制作：张磊　内文设计制作：张磊
印刷：鸿博昊天科技有限公司
版次：2024年9月第1版
印次：2024年9月北京第1次印刷
发行：新华书店北京发行所
开本：889mm×1194mm　1/16
印张：6
字数：200千字
定价：98.00元

图说人类文明史
玛　雅

目 录

前言：祭司和战士

玛雅陶器的特点是其包含了大量彩绘和浮雕，这些装饰性的图案通常描绘了玛雅人的日常生活、宫廷生活和军事行动。（如下图）

玛雅部落定居于广袤且地理环境十分复杂的高原和热带雨林地区，他们开创了以尤卡坦半岛为中心的辉煌时代。

虽然玛雅文明没有形成一个统一的强大帝国，但是玛雅人却成功控制了将近 28 万平方千米的广阔领土，其中包括今天的墨西哥、危地马拉、洪都拉斯和伯利兹的部分领土。

玛雅的历史可分为四个主要阶段。在第一个阶段，玛雅人的生活方式从游牧转变为定居。其中，部落的首批定居地是尤卡坦地区。

第二个阶段是前古典期（前 2000 年 –3 世纪），在这个时期，玛雅人受到奥尔梅克人和特奥蒂瓦坎人的影响，并效仿其建造神庙和金字塔等宏伟的建筑，同时加强了与周边文化的交流，从中汲取科学和宗教知识。

第三个阶段是古典期（3–10 世纪），这一时期，玛雅的社会体系日趋完备，文化发展达到全盛，对外军事征服具有明显优势，并在今天危地马拉的佩滕地区形成了数座大规模城市。

最后一个阶段是后古典期（11–17 世纪），此时的玛雅文明已日渐式微，多次爆发的内部冲突和与邻邦的不断争斗让玛雅部落血流成河。在这样的背景下，西班牙征服者的到来进一步加剧了玛雅民族的衰亡，虽然玛雅人面对

西班牙征服者的入侵做出了顽强而英勇的抵抗，但最后一个玛雅城邦在 1697 年覆灭。尽管如此，玛雅人的抵抗让他们这一宝贵的民族身份得以保持和延续。

玛雅人吸收了邻邦的文化元素，成功发展出独具特色的玛雅文明。玛雅文明还深受特奥蒂瓦坎文明的影响，后者在公元 300~800 年达到鼎盛。此后，来自北方的侵略者托尔特克人继承和吸收了灭亡后的特奥蒂瓦坎文明，他们在 10 世纪末离开图拉城。融入玛雅社会的托尔特克人在玛雅后古典期成为精英阶层。

玛雅人不仅在处理石材、金属和木材方面技艺高超，堪称艺术家，还发明了玛雅历法和玛雅象形文字。

玛雅社会以城邦的形式构建而成，在玛雅社会中，祭司因拥有广博的天文学、数学和占卜学知识而手握一定的权力。玛雅人在经济生产和军事战争领域是伟大的战略家，在陶器和雕塑方面也具有非凡的艺术创造力，他们避开了被征服和殖民的统治，使其最真实的文化表现力得以延续。

陶俑是玛雅文化的一种艺术表达形式。玛雅陶俑的尺寸通常较小，但其工艺和品质却令世人惊叹。玛雅陶俑是玛雅社会真实的记录。右图是一尊玛雅贵族形象的陶俑。

概述：依据山谷和海岸划分的城邦

　　玛雅人分布在非常广阔的地域内，拥有庞大的物质财富。许多条河都流经玛雅人居住的山谷，这让他们能够发展赖以生存的高效农业。此外，他们还充分利用沿海地区以及中西部高原提供的资源。玛雅人在这些地方建立了诸多城邦，比如蒂卡尔、奇琴伊察、科潘和帕伦克等，这些城邦都是重要的发展中心。◆

玛雅人日常生活中使用的各种器皿都是用陶土烧制而成的。右图是一个带盖的器皿，盖子上装饰着格查尔（绿咬鹃）的雕像。

墨西哥湾

● 拉文塔

● 科马尔卡尔科

● 帕伦克

● 托尼尼

● 博南帕克

● 琴古尔蒂克　　　**佩滕**

太平洋

● 内瓦赫

基里瓜 ●

科潘 ●

乌斯马尔金字塔

　　玛雅金字塔是中美洲文化的专属象征，金字塔的塔身呈四斜面阶梯状，塔的顶端通常坐落着祭祀神庙。大城市里会有数座金字塔，金字塔上刻有浮雕和象形文字作为装饰。下图是乌斯马尔金字塔，该金字塔也被西班牙征服者称为"魔法师金字塔"。

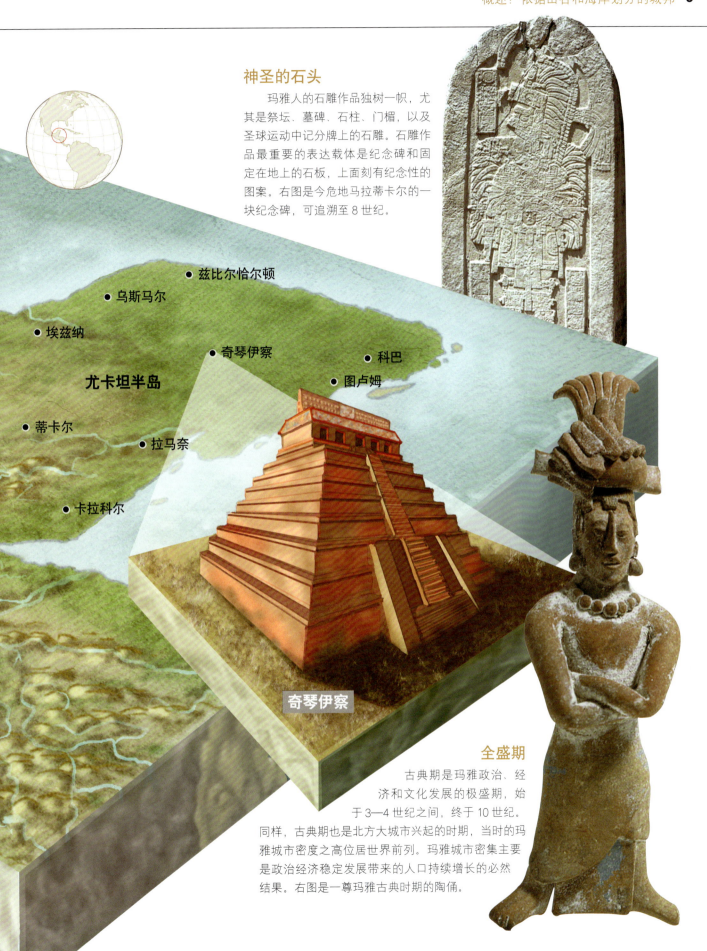

神圣的石头

　　玛雅人的石雕作品独树一帜，尤其是祭坛、墓碑、石柱、门楣，以及圣球运动中记分牌上的石雕。石雕作品最重要的表达载体是纪念碑和固定在地上的石板，上面刻有纪念性的图案。右图是今危地马拉蒂卡尔的一块纪念碑，可追溯至 8 世纪。

●兹比尔恰尔顿

●乌斯马尔

●埃兹纳

●奇琴伊察　　　●科巴

尤卡坦半岛　　●图卢姆

●蒂卡尔

●拉马奈

●卡拉科尔

奇琴伊察

全盛期

　　古典期是玛雅政治、经济和文化发展的极盛期，始于 3—4 世纪之间，终于 10 世纪。同样，古典期也是北方大城市兴起的时期，当时的玛雅城市密度之高位居世界前列。玛雅城市密集主要是政治经济稳定发展带来的人口持续增长的必然结果。右图是一尊玛雅古典时期的陶俑。

历史和社会组织

历史和社会组织

悠久的发展历史

玛雅文明的发展可分为三个连续的时期：前古典期、古典期和后古典期。前古典期始于前2000年，终于250—300年之间，这一时期形成了若干个非常重要的城市。

部分学者认为，在前古典期，奥尔梅克文明的后裔迁移到了今天危地马拉的佩滕地区，并与该地区的原住民融合，形成了所谓的"原始玛雅人"。

前1000年左右，由于人口日益增长，玛雅部落逐渐扩散到了中部地区，与此同时，也逐渐形成了一个更加成熟的政治体系，其中，首次出现了庞大的社会等级制度，在该制度下，社会顶层由贵族和祭司组成。在前古典期，玛雅人建造了早期城市，生产劳动愈发多样化，包括打猎、捕鱼、采摘林果、陶艺制作、纺织品制作，而且，玛雅部落与邻邦之间的贸易也日益频繁。

尽管玛雅人的生产劳动日趋多样化，但农业活动仍是最重要的，特别是与玉米、豆类、可可和南瓜种植相关的农业活动。因此，前古典期也被称为"农耕时期"。

此外，农业群体和早期陶艺生产的形成均在前古典期，具体在以下地区：恰帕斯的圣玛尔塔、坎佩切的斯塔姆帕克、尤卡坦的亚斯奇兰和阿坎赛赫、查尔丘阿帕的特拉皮切、拉斯维多利亚斯和波利纳斯，以及危地马拉南部的卡米纳流域。

古典期

玛雅文明的第二个时期是古典期，该时期一直持续到10世纪末。起初，关于祭司阶层是玛雅社会领导者的猜想，这使古典期被定义为"神权时期"。

事实上，虽然祭司阶层在社会结构中起着决定性作用，但他们并没有真正掌握所有的政治权力。相反，贵族阶层才是玛雅社会的决策阶层，他们掌握着全部政治权力，包括军事权力在内。

古典期，主要经济活动是农业活动，大部分玛雅人从事谷物生产。

佩滕地区的主要城市中心是瓦夏克通和蒂卡尔，两者相隔不超过30千米。瓦夏克通是该地区已知最古老的玛雅神庙的所在地，蒂卡尔位于丛林的中心地带，全盛时期约有10万居民。

另一个重要城市是洪都拉斯的科潘，它最辉煌的时期是736年左右，当时，它几乎成了玛雅的科学中心。

除了上述城市，玛雅文明还包括其他一些著名城市，如坐落在恰帕斯丛林中的帕伦克，与博南帕克一样，帕伦克在695年至799年间达到了发展的全盛期。

❖ **纪念碑**　玛雅人通过在垂直的纪念碑上刻写铭文来记录战争和朝代更迭等事件，纪念碑同时也被用来向贵族和战士表达敬意（左图为玛雅纪念碑）。

❖ **金字塔**　玛雅金字塔是为了纪念库库尔坎（即羽蛇神，玛雅语中称之为库库尔坎）建造的神庙，它是象征宗教和权力的主要中心之一。

❖ **陶器**　玛雅人擅长制作陶器，并且制作了诸多带有强烈现实主义色彩的小型陶俑。

古典期，尤其是5世纪至7世纪这段时间，玛雅文明的发展与它受到特奥蒂瓦坎文明的影响紧密相关。特奥蒂瓦坎人通过发动战争、贸易往来、政治统治和文化传播影响了玛雅城市，并在玛雅文明中留下了深刻的印记。

在研究领域，人们一度认为，玛雅文明吸收了特奥蒂瓦坎文明，并融合了后者的一些特点。但是，在蒂卡尔发现的纪念碑上却记录了玛雅人和特奥蒂瓦坎人之间的军事冲突，表明前者对后者造成了更大、更直接、更具破坏性的影响。

玛雅文明与特奥蒂瓦坎文明的密切关系表明，部分玛雅祭祀中心的瓦解，特别是在750—900年之间的瓦解，与特奥蒂瓦坎文明的衰败有关。

事实上，按照现有研究，在8世纪初至8世纪中叶，特奥蒂瓦坎古城在被未知势力掠夺后变成了一片废墟。

随着特奥蒂瓦坎文明在整个玛雅地区影响力的结束，它的衰落将不可避免。

如此一来，特奥蒂瓦坎取得的经济和文化繁荣开始慢慢衰落，霍奇卡尔科文化和墨西哥山谷地区的托尔特克文化兴起。无独有偶，在特奥蒂瓦坎文明消失一个世纪后，当玛雅中心同样暴露出

玛雅人的法则

❖❖❖

玛雅社会内部有着独特的共处规则，每个玛雅人都必须遵从规则并从小接受相关教育。

不过，玛雅社会也存在犯罪行为，玛雅人为此制定了一系列的处罚措施。当犯罪行为未达到应判处死刑的严重程度时，犯罪者会被贬为奴隶，而其罪行的受害者将成为其主人。

如果犯罪行为已经达到应判处死刑的程度，犯罪者将被立即处决，但有时犯罪者也被用来进行宗教献祭。

对于较轻微的罪行，玛雅人通常会剪掉犯罪者的头发，以这种显而易见的方式向公众昭告其社会阶层的下降。

无法解决的危机时，玛雅人也随之遗弃了他们的城市。

特奥蒂瓦坎文明的衰亡对玛雅文明的陨落起了决定性作用，除此之外，还有其他一些因素也导致了玛雅城

❖ **艺术和宗教** 玛雅人的艺术表达与其宗教祭祀习俗有关，左图是一个刻有贵族雕像的玛雅香炉。

市的瓦解。

　　其中一个可能的因素是，玛雅人使用的农业系统导致热带雨林和耕地逐渐被破坏，农业生产供应严重匮乏。另一个可能的解释是人口过度增长导致生产需求无法得到满足，进而引发了危机。

　　上述因素的存在导致了危机的爆发。但另一方面，玛雅危机可能还有一个潜在的诱因，即玛雅社会内部的矛盾和斗争。有学者认为，玛雅社会统治阶层的僵化，以及沉重的税收负担，可能引发了一系列社会危机，或由此导致玛雅人向其他地区大规模迁徙。

　　无论出于何种原因，最终的结局就是，玛雅城市进入了无法挽回的衰败期。

后古典期

　　玛雅文明发展的最后一个时期是后古典期，即1000−1697年。

　　古典期玛雅祭祀中心被遗弃，随后，玛雅地区出现了移民潮，具体是指生活在塔巴斯科南部的普顿人或玛雅-琼塔尔人的迁徙。在古典期的祭司阶层和统治阶层倒台后，他们在该地区建立了有效的统治。

　　普顿人来自乌苏马辛塔河和格里哈尔瓦河流域的三角洲地区，他们掌控着尤卡坦半岛附近的海上航线。

社会体系

　　在前古典期初期，玛雅人已经形成了一个以氏族为单位的社会体系。

　　同一个氏族的所有成员均认同一个神话祖先，通常情况下，神话祖先是一种动物。

　　尤卡坦半岛的很多姓氏都可能来源于动物，比如："昌恩"（Chan）是蛇的意思，"梅"（May）是鹿的意思，"尤克"（Uk）是羽虱的意思，"巴兰姆"（Balam）是老虎的意思。

　　玛雅社会的等级制度是金字塔式的，上层是统治阶层以及主持祭祀和仪式的祭司。

　　玛雅社会的底层是农民和奴隶，他们也是支撑金字塔式等级结构的基础。而工匠、战士和商人则位于社会中层。

普顿人定居于帕斯河以南的阿卡兰地区，"阿卡兰"在玛雅语中意思是"独木舟之地"。

　　普顿人在钱波通与坎德拉里亚河岸分别建立了两座主要城市：波顿昌城和伊萨姆卡纳克城。大部分人口、生产活动以及与索盖人和恰帕斯人的商贸活动都集中在波顿昌城；而伊萨

姆卡纳克城是阿卡兰的首都，它通过希加兰科市进行贸易。此外，普顿人还建立了许多港口，如科苏梅尔港口和谢尔哈港口，港口均由普顿人的分支——伊察人管控。

❖ **玛雅战士** 右图是一尊玛雅战士陶俑。战士陶俑的反复出现，体现了军事在玛雅社会中的重要地位。

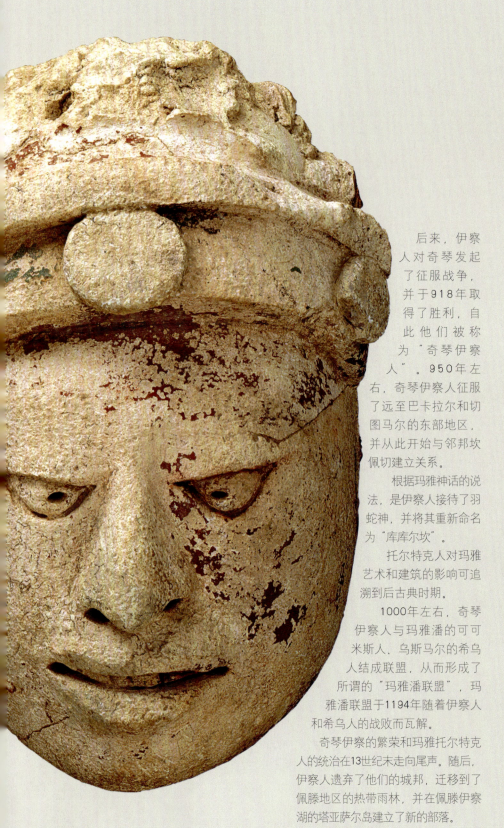

后来，伊察人对奇琴发起了征服战争，并于918年取得了胜利，自此他们被称为"奇琴伊察人"。950年左右，奇琴伊察人征服了远至巴卡拉尔和切图马尔的东部地区，并从此开始与邻邦坎佩切建立关系。

根据玛雅神话的说法，是伊察人接待了羽蛇神，并将其重新命名为"库库尔坎"。

托尔特克人对玛雅艺术和建筑的影响可追溯到后古典时期。

1000年左右，奇琴伊察人与玛雅潘的可可米斯人、乌斯马尔的希乌人结成联盟，从而形成了所谓的"玛雅潘联盟"，玛雅潘联盟于1194年随着伊察人和希乌人的战败而瓦解。

奇琴伊察的繁荣和玛雅托尔特克人的统治在13世纪末走向尾声。随后，伊察人遗弃了他们的城邦，迁移到了佩滕地区的热带雨林，并在佩滕伊察湖的塔亚萨尔岛建立了新的部落。

玛雅潘是一座坚固的城市，在最辉煌的时期容纳了一万多人。1441年，乌斯马尔的统治者阿苏潘·修（Ah Xupan Xiu）彻底摧毁了玛雅潘城，玛雅潘由此走向终结。

在尤卡坦半岛东部，普顿人除了统治塔巴斯科南部地区，还在1200年至1480年期间统治了巴卡拉尔和切图马尔。

玛雅潘衰落后，尤卡坦半岛分裂为16个小型城邦，每个城邦都有自己的统治者，保持着一定的独立和自治。

各城邦的独立自治造成该地区的内部摩擦，也引发了部分军事冲突。

这种不同部落、不同城邦之间的分裂和内乱造成了一种危险的状态，而就在这个时候，首批西班牙征服者出现了。

面对玛雅的土地上看似取之不尽的贵金属和各种原材料资源，西班牙人志在必得，但此时的玛雅社会正处于分崩离析状态，这种不可避免的结构性弱点令玛雅人在侵略者的武器和野心面前毫无招架之力。

西班牙人的征服战争席卷了整个玛雅地区，最后一批倒在西班牙人刀剑和十字架下的城市分别是：伊察人统治的塔亚萨尔、科沃基人统治的扎克佩顿，以及雅尔纳因人统治的奎希尔。直到1697年，西班牙征服者才完全统治了中美洲。与此相关的数据并不少，这些数据也显示了西班牙人在消灭玛雅人之前与之战斗的程度。

玛雅人与战争

在玛雅社会中，战争和军事行动的筹备与组织由两位酋长负责。其中一位是永久世袭的"巴塔博"（Batab）。和平时期，巴塔博负责所在地区的行政和司法管理。

另一位负责军事的酋长是"纳科姆"（Nacom），任期三年。纳科姆在任期间，不得亲近女色，禁止吃肉。战争期间，纳科姆负责指挥军事行动，再下一级是战士或霍坎武士。提供兵源的城市负责士兵的军费和补给。

玛雅人是军事经验丰富的战士，他们擅长出其不意的突袭和伏击。发动最终进攻时，他们会大声喊叫、猛烈敲打龟壳，并用力吹响号角。当玛雅战士凯旋时，他们通常会被授予最高的荣誉。

❖ **战争**对于玛雅人而言是一种经常性的活动。在战斗中，他们会使用弓箭和长矛。上图展示了玛雅人俘虏敌人的场景，选自玛雅古抄本。

文明起源——前古典期

玛雅文明的起源可追溯到 3000 多年前，在发展的早期，玛雅文明受到了奥尔梅克等其他文明的显著影响。玛雅文明的发展可分为三个时期：前古典期、古典期和后古典期，每个时期都各具特点。在前古典期，玛雅人开始兴建最初的大城邦，例如：埃兹纳和泽比查尔顿，这两个城邦都设有重要的礼式中心。同时，前古典期也是农耕活动、贸易和陶艺形成和发展的时期。◆

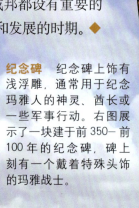

纪念碑　纪念碑上饰有浅浮雕，通常用于纪念玛雅人的神灵、酋长或一些军事行动。右图展示了一块建于前 350— 前 100 年的纪念碑，碑上刻有一个戴着特殊头饰的玛雅战士。

兹比尔恰尔顿的秋分

　　玛雅人精通天文学，他们特别重视天体（尤其是太阳）的自转，并且据此测算出收获和播种的时间。每年的 9 月 22 日至 23 日，可以在兹比尔恰尔顿的七偶神庙观赏到一个奇观：在秋分当天，阳光会从神庙大门穿过与之连成一线，这也宣告了季节的交替。

❖ 七偶神庙因在其中发现了七个祭祀人像而得名，图中展示了秋分时的七偶神庙景观。

陶艺

　　玛雅文明受到奥尔梅克文明的影响，它的前古典期对应了奥尔梅克文明的鼎盛时期。玛雅文明中政治、军事和宗教领袖人物的陶塑形成于前古典期，这些陶塑因逼真的形象和对细节的刻画而闻名于世。

❖ 右图是一个双臂交叉的玛雅贵族形象的陶塑。

位于埃兹纳的遗迹景观

玉米

埃兹纳古城的金字塔

埃兹纳古城位于切尼斯和普克之间，是一个非常重要的仪式中心。古城内坐落着几幢建筑，其中两座庙宇金字塔最引人注目。最大的庙宇金字塔由方形底座和五层阶梯组成，阶梯顶部是一个平台，平台上面坐落着主庙，建筑总体高度为31米。

农业经济

玛雅文明的前古典期也被认为是"农耕时期"，其特征是农耕活动增多，狩猎、捕鱼和采集变为次要活动。该时期主要的农作物是玉米、豆类和南瓜，这些是玛雅人日常饮食的基础食物。

金字塔每层阶梯 高度约为4.6米，设有一系列供玛雅祭司使用的房间。

贸易

与此同时，城邦的发展促成大量的商品贸易，其中包括与邻近城邦的贸易和长途贸易，主要商品为玉石、可可、玉米、盐和黑曜石。

❖ **玉**是装饰品制作中使用的专用材料，上图展示了玛雅时期的胸前配饰。

古典期

古典期始于 3 世纪至 4 世纪，止于 10 世纪，玛雅文明在古典期达到鼎盛状态。在古典期，玛雅人兴建了诸多大型城市，并且在城市、宗教和礼仪发展方面达到了最高发展水平。其中，帕伦克、科潘和蒂卡尔是古典期的三座代表性城市。人们公认，古典期的玛雅文明与特奥蒂瓦坎文明紧密相连，特奥蒂瓦坎文明的消亡导致了玛雅文明的衰落。也有理论认为，玛雅文明的衰落是由于人口爆炸引发了无法解决的社会生存问题。◆

帕伦克古城中宫殿和碑铭神庙的景观

帕伦克古城遗址

帕伦克古城遗址位于现今的墨西哥恰帕斯州，古城在被西班牙征服者发现时已被完全遗弃。帕伦克古城是公元 5 世纪至公元 9 世纪玛雅主要的中心之一，在此期间，它与蒂卡尔结盟以遏制其他部落的入侵。帕伦克古城遗址内有大型宫殿、寺庙和阶梯式金字塔等建筑。

雕塑

科潘古城是玛雅文明中最繁荣的城市之一。古城遗址位于今洪都拉斯，遗址中有众多宏伟的雕塑，从中可以明显看到奥尔梅克文明的印记。玛雅人还建造了许多纪念碑、浅浮雕和巨型"亚特兰提斯"战士石柱。

◆科潘的"十八兔王"纪念碑记录了科潘城邦第13任统治者的故事。

宫殿 由一系列相互关联的建筑组成，其中大部分建筑花费了 4 个世纪的时间建造。宫殿位于遗址区的中心，囊括了许多雕塑、浮雕和一座大型塔楼。

陶器　在各式各样的玛雅陶器中，最为突出的就是橙色陶器，这些陶器通常以陶罐和细长的陶瓶为主。陶器上装饰着大量的人像图案和铭文（如左图），颜色从赤陶色到浅橙色不等。

碑铭神庙　碑铭神庙的名字来源于神庙入口走廊上的象形文字记录。碑铭神庙由玛雅君王巴加尔（Pacal）下令修建，用于在这位君王去世后安放他的遗体。巴加尔于683年逝世后就被埋葬在碑铭神庙中。

蒂卡尔金字塔

蒂卡尔古城坐落于今危地马拉的佩滕地区，是玛雅古典期最重要的文化中心。蒂卡尔古城于200－850年逐渐发展起来，其极盛时期的人口约为10－15万。在蒂卡尔古城的众多建筑中，除了其他金字塔和小型宫殿，城中的6座大型金字塔神庙和王宫尤为突出。

❖ 蒂卡尔最重要的建筑是被称为"一号神庙"或"美洲豹神庙"的阶梯式金字塔，它的建筑总高度达55米。

军事行动

军事行动在玛雅社会非常重要，尤其是在古典期，当时，不同的玛雅城邦之间发生了一系列军事冲突。军事行动由酋长"纳科姆"（Nacom）领导，纳科姆每三年选举一次，在任期内必须严格禁欲且不能吃肉。

❖ 上图是源自600年至900年的玛雅战士雕像和美洲豹面具。

后古典期

后古典期是玛雅文明作为地区霸权文明的最后一个时期，自11世纪持续至17世纪，也是在这个时期，西班牙人的征服取得了最终的胜利。后古典期起始于玛雅人放弃了他们的主要仪式中心，这也预示了玛雅文明最终的衰落。与此同时，由普顿人和玛雅琼塔尔人组成的迁徙大军在整个地区蔓延开来，他们都是杰出的航海家和商人。而从尤卡坦半岛到洪都拉斯地区，其他玛雅部落组建了联盟并爆发了冲突，致使该地区形成了紧张局势。◆

后古典期的玛雅艺术保持了过去时期的一些特征，如多彩的装饰细节等。上图是一个底部刻着人脸图案并用象形文字装饰的盘子。

托尔特克文明的影响

托尔特克文明对玛雅文明的影响覆盖了社会、宗教和艺术的方方面面，其主要体现在仪式活动中人类献祭被进一步强化了。玛雅人使用刻有羽蛇形象的石柱和简单的雕塑线条体现托尔特克文明对玛雅建筑和艺术的影响。

◆ 左图是被称为"城市守护者"的托尔特克战士雕塑，源自9世纪。

金字塔景观

库库尔坎金字塔

库库尔坎金字塔，又称卡斯蒂略金字塔，用于供奉玛雅人信奉的神祇——羽蛇神，玛雅人用羽蛇神的名字为其命名，纳瓦特尔人称羽蛇神为"魁札尔科亚特尔"，基切人则叫他"库库马茨"。库库尔坎金字塔底座各边宽55米，塔身高24米，由9层晒台组成，塔身四面中间各设有91层台阶，再加上塔顶平台上的神庙，一共365层台阶，象征了玛雅历法中的365天。

魁札尔科亚特尔　玛雅人借鉴了其他民族的神祇，尤其是托尔特克人的神祇——魁札尔科亚特尔，即羽蛇神（右图为建于公元10世纪的魁札尔科亚特尔浮雕），他们视其为民族信仰，并将其命名为"库库尔坎"。

魔法师金字塔

魔法师金字塔位于尤卡坦半岛热带雨林的乌斯马尔地区，以其罕见的椭圆形建筑结构而闻名于世。金字塔有 30 多米高，从金字塔上可以看到周围的风景。根据当地传说，金字塔的名字来源于一位神秘魔法师的杰作，这位魔法师在一天之内建成了这座金字塔，故金字塔由此得名。

❖ 与魔法师金字塔（上图）相伴的还有其他重要的建筑，如修女四合院、球场和总督府等。

顶部神庙

金字塔顶部坐落着一座小型的方形神庙，神庙仅有一个入口，位于神庙的北面。这座神庙被认为是能够呈现出一种农历历法，在春分之日显示季节的更替。

❖ 神庙内部有数个仪式雕像，比如，美洲豹神＂查克莫＂（Chac Mool）的雕像。

玛雅社会

同后古典期西班牙人入侵前中美洲的其他社会一样，玛雅社会的社会成员之间存在着明确的等级制度。贵族、祭司和军事首领是玛雅社会的特权阶层，管理着行政、军事、知识和祭祀的核心部分，绝大多数平民从事农业耕作和手工业生产。奴隶处在玛雅社会等级的最底层，他们由城邦君王统治，而君王是唯一与人类和神灵两方都保持联系的人。◆

知识掌握在玛雅社会的特权阶层手中，右图是一尊以知识传授者形象创作的陶塑。

等级森严的阶层

祭司是第二重要的社会阶层，在玛雅社会各个方面都产生了重要影响。大祭司为玛雅君王提供协助。

◆ 右图为创作于公元5世纪的玛雅神灵雕像，神灵的手中举着人类心脏。

玛雅文明社会金字塔的构建

等级社会

玛雅社会是一个层级为阶梯状的等级社会，每个阶层都有着特定的政治、宗教和经济职能，社会的顶层是特权阶层，而底层阶层是农民和奴隶。玛雅社会的阶层是根据人们从事的活动和血缘关系进行划分的，统治阶层的亲属一般属于特权阶层。

贵族和军事首领是第三重要的社会阶层。贵族主要担任城邦中的公职人员和行政人员，军事首领主要负责防御邻国入侵和对外扩张。

商人们与最富有阶层保持着密切联系，双方有许多相同的习俗和惯例。

玛雅社会人口

玛雅社会的大部分人口是农民和城邦劳动者，主要以农耕和狩猎为生，他们必须向统治者缴税或上缴贡品。

◆ 上图描绘了猎鹿人归来的场景，选自《特罗亚诺古抄本》。

最高统治者　每个玛雅城邦都有一位最高统治者或"君王"，他们是被神化的凡人，是神灵和人类之间沟通的桥梁。

祭司　不仅负责主持宗教仪式，还掌握着文字、医学、天文学和时间推算等各种知识。

统治阶层

　　统治阶层由被称为"梅艾诺博"（Mehenob）的玛雅贵族或西班牙领主组成。他们出身于统治阶层世家，在家族分支中，他们与领土的开拓者和玛雅文明的创始者有着直接的联系。

❖上图为玛雅贵族及其妻子的雕像，他们戴着特殊的头饰和珠宝。

平民　负责各类繁重的生产任务，如农耕、狩猎、手工业和日常杂务。

统治阶层

　　玛雅社会被划分为不同的社会阶层，政治、经济和宗教领导权均掌握在贵族阶层手中。在组成玛雅帝国的每个城邦当中，贵族都享有一定的自治权。处于整个权力结构顶端的是玛雅城邦的君王，他是玛雅众神与其臣民之间的中介，君王的权力可以世袭。玛雅社会中的公职人员承担了行政、文化和宗教方面的工作。◆

　　玛雅君王的权威不容置疑，他被认为是玛雅众神的解释者，此外，他也是唯一一个可以将神灵和凡人联系起来的凡人。上图是一块建于公元8世纪的浮雕，描绘了新俘虏向玛雅君王臣服的画面。

库库尔坎金字塔中的美洲豹王座

权力的象征

　　美洲豹是玛雅保护神的代表形象，同时也是权力的象征。因此，在奇琴伊察遗址中，库库尔坎金字塔顶端的神庙里有一个美洲豹王座也就不足为奇了。该美洲豹王座建于11世纪左右，其中美洲豹的眼睛、身体和腿部都被涂成浓烈的红色并用玉石装饰。

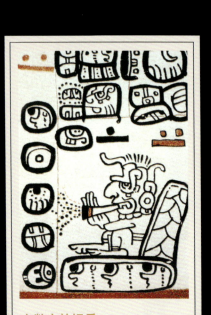

少数人的娱乐

　　使用酒精和一些能产生致幻作用的天然物质是玛雅统治阶层的特权，烟草也同样如此。玛雅人认为，这些物质能够帮助祭司在宗教仪式中与神灵和祖先进行沟通。

玛雅的记忆

　　玛雅统治者通过纪念性"圆形石盘"将其参与公共事务的历史流传给后代。玛雅人象征性地将社会地位最高的人及其统治期内最瞩目的事件刻录在石头上。

❖ 右图为源于6世纪的托尼纳石盘浮雕。

一尊玛雅贵族坐在王座上的小型雕像

君王

在玛雅社会中，高级政治职位通常由每个城邦的地方贵族担任，玛雅人从贵族中选举出城邦的君王（Halach Uinic）。同所有君王一样，玛雅城邦的君王通常居住在豪华的宫殿内，身边围绕着众多顾问和助手，他们通常也是贵族或军事首领。

玛雅王位 采取世袭制，在帕伦克和蒂卡尔等城市，如果没有男性后代可以继位，则允许女性后代继承王位。同样，君王的兄长接掌王位也很常见。无论如何，这些方式确保了权力始终掌握在主要氏族手中。

助手 玛雅次级城市中心的政府权力掌握在被称为"巴塔布"（Bataboob）官员的手中，巴塔布负责司法工作并命令下级官员收税。此外，玛雅社会中还有被称为"图比尔斯"（Tupiles）的官员，他们负责维护公共治安。

多样的宫廷

玛雅城邦的君王周围通常围绕着一群侍从，这些侍从负责回应君王及其同行者的要求，他们均被免除了体力劳动。

❖ 博南帕克壁画残片展现的玛雅宫廷场景。

第31号石碑

第 31 号石碑由蒂卡尔著名的统治者"暴风雨天空"（Cielo Tormentoso）建造，石碑背面记录了当地最重要的事件。据悉，只有玛雅统治阶层的精英或者在贵族阶层中起重要作用的文士才能破译石碑上的文字。

❖ 第31号石碑的正面刻有城邦守护者"美洲豹"的图案。

玛雅战士

作为一个城邦联盟，玛雅文明在其每一个重要的政府中都建立了稳固的军事结构体系，玛雅城邦不仅经常与邻国发生军事对抗，联盟内部的一些城邦之间也会不时爆发冲突。无论是在和平时期还是在战争时期，玛雅军队都需要向战士支付酬劳。玛雅战士手持弓箭、斧头和长矛，他们主要的进攻策略是突袭和伏击。◆

战士的形象经常出现在玛雅文明的艺术作品中。上图是一个彩色陶罐，上面刻有一个手持武器、身披战服的玛雅战士。

博南帕克壁画残片展现的战争场景

玛雅人和战争

玛雅人采取的军事战略并不复杂，面对敌人，他们只是突袭或伏击。在这两种战略中，玛雅人在潜伏时会保持绝对的沉默，一旦战争行动开始，他们就会通过怒吼和击鼓的方式（通常是敲打乌龟壳）让敌人心生恐惧。

服装　玛雅战士的服装往往会产生震慑敌人的效果。玛雅精锐战士经常身着色彩浓郁的衣服，尤其是黑色和红色。其余战士也会把自己的身体涂抹成同样的色调。

战士等级

即使在战争时期，玛雅人也设有多个军事指挥阶层。玛雅军队以城邦君王为首，他身穿华服，佩戴用羽毛和玉器装饰的头盔。玛雅君王通常还会披着美洲豹皮，这不仅是权力的象征，也可以抵御敌人的飞镖和箭。军队中的大多数玛雅战士是被称为"霍坎武士"的普通战士，他们以获得少量的薪水来维持生计。

❖ 右图是奇琴伊察中伊察人的前任君王恰克·希布·恰克（Chac-Xib-Chac）的小型雕像。

防护　玛雅战士在手臂和腿的周围缠绑绷带，身穿由粗棉布填充制作的战袍，以此作为防护。玛雅君王则佩戴有羽毛装饰的木制头盔抵御敌人的攻击。

军事首领

军事行动由特别任命的官员"纳科姆"领导，纳科姆直接对军事行动负责。纳科姆在其任职期间，必须禁欲、禁止吃肉并且不得饮酒。

❖ 上图为在蒂卡尔古城发现的源自6世纪的陶器碎片，碎片上绘有玛雅战士形象的图案。

武器　玛雅人最喜欢使用的武器是带燧石尖的长矛、小型金属斧头和弓箭。弓的尺寸通常比佩带者的身形小，箭身由藤条制成并装在箭筒中，长度有一米多，箭尖是燧石。

社会和日常生活

社会和日常生活

社会生活

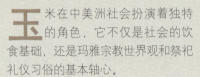

玉米在中美洲社会扮演着独特的角色，它不仅是社会的饮食基础，还是玛雅宗教世界观和祭祀礼仪习俗的基本轴心。

玉米在玛雅语中被称为"ixim"，是古代玛雅人日常食物"达玛尔"和玉米饼的制作原料。

达玛尔的主料是玉米面，用小块肉和蔬菜做馅，外部用玉米叶包裹而成，所有材料均在地下通过一种名为"Pibil"的技术烘烤制作。

玛雅人的饮食种类繁多，从可溶于水的可可豆（玛雅人用它制作巧克力）到富含维生素的树菠菜，应有尽有。此外，玛雅人还食用南瓜、辣椒和菜豆。同时，他们还会加工甜美的蜂蜜，从人心果树中提取树胶，从部落附近的森林和雨林中采集水果和种子。

玛雅人食用红肉以丰富他们的"素食"饮食结构，他们食用的肉类一般来自其领土范围内的各种动物，尤其是鹿、野猪、犰狳、海牛、兔子、貘、猴子等动物。同时也包括一些禽类，比如野鸡、鸽子、鹌鹑等。

海洋、湖泊与河流也为玛雅人提供了丰富的食材。在这样的条件下，玛雅地区的居民几乎不会出现食物或蛋白质短缺的情况，当然，人口压力导致无法及时满足全部人口需求的情况除外。

玛雅人的饮品种类和他们的食物种类一样繁多。其中，玉米扮演着重要角色，它不仅是制作宗教祭祀仪式中特殊饮品"萨卡卜"（Sakab）的基础原料，还是"帕索拉"（Pozole，一种汤品）、"阿托雷"（Atole，一种玉米粥）和"皮诺列"（Pinole，一种粉状物）三种饮品的原料。有时，玛雅人还会向这些饮品中添加蜂蜜使其味道更甜美。

玛雅人的另一个重要饮品是"巴尔切"（balché），他们从巴尔切树的树皮中提取饮品的原料，随之将其与水和蜂蜜混合、发酵，最后供人食用。玛雅人经常在祭祀仪式中饮用巴尔切。

玛雅人一般不喝纯水，他们更喜欢将水与水果、植物种子混合在一起饮用。

饮品通常被储存在名为"希加拉斯"（jícaras）的容器中，然后用其他细颈容器运输，此外，玛雅人也会使用空心葫芦。

住宅

玛雅人的住宅根据社会等级制度中对应的社会地位进行分类。

例如，平民（尤其是农民）通常会和父母、子女，以及其他亲属合住在一个独立的住宅中，但居住条件有好有坏。

上层社会和统治阶层虽然也是家庭群居在一个住宅中，但是他们的住宅规模更大，结构设计也更加舒适。

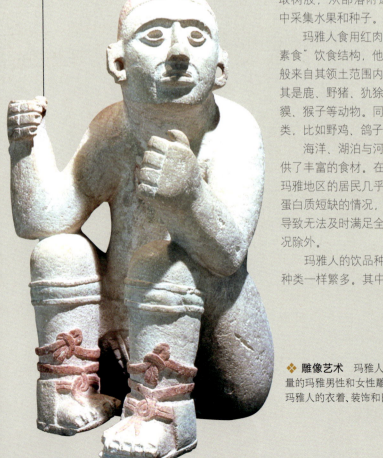

❖ **雕像艺术** 玛雅人的艺术作品中有大量的玛雅男性和女性雕像，生动地还原了玛雅人的衣着、装饰和日常工作。（如左图）

❖ **守护者**　查克穆尔 (Chacmool) 是玛雅大型庆典和祭祀仪式的守护者，上图中的查克穆尔雕像位于奇琴伊察"武士神庙"的入口处。

❖ **陶塑** 玛雅的小型陶俑反映了玛雅人日常生活的方方面面，下图是一个带着美洲豹头盔、与花共舞的玛雅男子陶俑。

玛雅人的体形

❖❖❖

结合考古学和人类学研究提供的重要成果，现在已经可以重塑原始玛雅人的外形。

众多古墓的发现如实反映玛雅人的基本外形，其中绘画和陶俑作品是重塑玛雅人身形的关键。

结合所有的数据资料，可以推断出：玛雅人的体形并不高大，他们的平均身高在 1.5 米左右，女性的平均体重约为 50 千克，而男性的平均体重稍高于 50 千克。

玛雅人的身形比较肥胖，他们的肩部和背部较为宽厚，头部比较宽扁，鼻子呈鹰钩状，头发又黑又直，颧骨比较突出。

都集中在此，比如睡觉、做饭、储存谷物和饮品的区域。在住宅的中央有一个用于生火的小坑。

相比之下，统治阶层的住宅通常有数个用芦苇和木材隔开的房间，甚至还有其他更加复杂的结构，例如建在主屋旁边的浴室。

玛雅住宅的特点是，无论居住者的社会地位如何，住宅中几乎没有家具。玛雅住宅中没有床，玛雅人通常睡在依墙搭建的低矮土台上；他们将动物皮毛做成床垫并铺在土台上。在一些住宅内，玛雅人会将土地上尖锐或妨碍休息的物体清理干净后，将动物的皮毛铺在地上休息睡觉。

玛雅人的住宅中也没有桌椅，他们通常席地而坐，围绕在住宅中间的火堆附近吃饭。

玛雅住宅的另一个共同点是通风受限或者说无

玛雅住宅的墙体和屋顶通常是由木材、棕榈叶和稻草建造而成，但颇有名望的玛雅住宅通常是用石材建造的。

社会阶层也决定了玛雅住宅的布局和舒适度。农民的住宅通常只有一层，形状呈长方形，主要的住宅结构

❖ **石制工艺** 在玛雅文明中，艺术与宗教之间的关系是永恒不变的。右图展现了建于公元 6 世纪的蒂卡尔 12 号祭坛的景观。

❖ **玉石** 从简单的珍珠到胸饰、面具和雕塑，其中用玉石装饰的作品是玛雅文明最令世人惊叹的艺术遗产。

法通风，因为玛雅人没有建造窗户，住宅的入口是空气流动和内外交换的唯一途径。自然光采集也是如此，因此，自然光照对于玛雅住宅来说十分稀缺。

在玛雅城市规划中，玛雅住宅的地理位置非常明确。例如大型宗教仪式中心位于城市的中心；农民和手工业者的住宅坐落在距大型仪式中心较远的郊区；而政府精英、高级官员、祭

玛雅人的婚姻

❖❖❖

婚礼对玛雅社会中各个阶层的家庭来说都是一个非常重要的时刻，玛雅人总是会在婚礼之后举行盛大的聚会和庆祝活动。一切都始于女方接受男方的提亲，并且需要经过占星术占卜，如果没有经过占卜，婚礼就无法举行。

随后，男女双方的家人会就新娘应该给未来公婆多少嫁妆进行商讨，嫁妆通常用羽毛、可可、布料等价值不菲的物品衡量。当这些事项达成一致后，婚礼就可以在祭司、长老甚至地方酋长的见证下举行了，由婚礼主持人拿着新人穿的披肩。之后会举行婚宴，参加婚宴的人们一起载歌载舞。

司和军事首领的住宅则设置在仪式中心的周围。

商人阶层的住宅紧邻上层社会住宅的"黄金圈"，最远的则是位于郊区的平民阶层的住宅。

玛雅平民住宅的建筑材料非常脆弱，它们被称为"帕拉帕斯"（palapas，一种简陋的草棚）。

由于大部分玛雅人从事农业工作，所以平民阶层的住宅一般都在田地周围。

服饰

从绘画、抄本、石雕和陶器来看，玛雅人的穿着非常简

单，主要是为了行动方便。

玛雅男性最重要的服饰是简单的缠腰布，在玛雅语中被称为"mástil"，这是一条手掌宽的棉布条，从两腿间穿过系在腰间，一端悬在身前，一端垂在身后。男性的服饰还包括方形披肩，这种披肩遮住了大部分身体，从一侧肩膀下穿过，系在另一侧肩膀上。

玛雅服饰的颜色通常都是简单的白色，或非常新奇的颜色组合。

相比之下，贵族男性的服饰更为讲究，统治阶层的服饰也是如此。他们通常穿着名为"xicul"的无袖上衣，上面装饰着色彩鲜艳的刺绣和醒目的羽毛，此外，他们的缠腰布上也挂着羽毛。

玛雅女性的服饰是系在腰间的裙子，被称为"惠皮尔"（huipil）。她们有时会披方形披肩或者穿无袖上衣，但有时也会赤裸着上身，她们的上身绘有五颜六色的文身。

同样，对玛雅女性而言，社会阶层的差异会通过她们的服饰展现出来，统治阶层女性服饰的色彩更为丰富，制作原料也更好，比如，她们用美洲豹皮毛或棉花制作披肩和短袖衫。

但是，社会阶层的差异会通过个人装饰品更加明显地体现出来，并且没有性别之分。

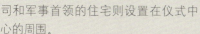

玛雅贵族通常会穿着皮质凉鞋，戴着精致的羽毛头饰，此外，他们还拥有丰富的珠宝和饰品，比如镶嵌着珍珠和宝石的项链、胸饰、手镯、戒指和腰带，以及贝壳和蜗牛壳等饰品。

制作珠宝和饰品的首选材料是玉石，然后是黄金，这些材料经过精细加工后成为上层社会装饰品的主要组成部分。

贵族男性通常会佩戴耳环、鼻环和耳坠，这些饰品也都是用上述材料制作而成的。

头饰在玛雅服饰中尤为重要，社会各阶层的人都留长发，贵族通常用不同类型的帽子装饰自己的发型。另外，玛雅男性也常常将头发编成辫子，并像皇冠一样盘绕在额头之上。而女性则将头发扎成两条长长的辫子，垂在头的两侧。

玛雅人还将颅骨挤压变形、牙齿镶嵌和各种文身来"装饰"自己的身体。

颅骨变形通常发生在新生儿和两岁以下的儿童身上，因为那时他们骨骼的可塑性非常高。

另一方面，颅骨变形也体现出玛雅人掌握的高度发达的人体科学知识。一般来说，在

❖ **体育运动**　圣球运动是玛雅人最珍视的运动，主要是因为该运动与宗教仪式有着独特的联系。左图是一个玛雅球员的雕像。

颅骨变形过程中，最普遍的方法是通过在前额和后脑处各放置一块木板以此引导颅骨纵向生长。玛雅人对身体特殊性的重视也体现在他们对斜视眼的尊重，甚至可以说是崇敬，他们从孩子小时候就想方设法使其变成斜视眼。事实上，有一些证据表明，玛雅人在孩子前额头发处绑了一个小球，使小球不会贴到额头，并且强迫孩子盯着小球看，由此设法使孩子变成斜视眼。这样看来，正是盯着小球看导致了玛雅人的斜视。

玛雅人的人体彩绘，特别是胸前、手臂和腿上的彩绘，是社会地位和显示权力的象征，而在牙齿上打洞以镶嵌玉石碎片也是如此。当然，无论文身还是用玉装饰牙齿都是玛雅统治阶层、祭司和军事首领的特权。

玛雅女性的地位

女性在玛雅社会的经济中占有重要地位，原因可能是由于玛雅女性为社会整体利益所付出的劳作，也可能是他们对家庭经济做出的贡献。在第一种情况中，特别是古典期，部分玛雅女性可以参与到重要的宗教仪式中，并为诸神献上供品。

就参与家庭经济而言，在玛雅文明的整个发展过程中，玛雅女性的地位是独一无二的，她们扮演着不同的角色。例如，玛雅女性主要负责制作各种各样用于装饰或是日常用途的陶器。她们还为自己的家庭成员和统治阶层设计并制作服饰。此外，在宗教庆典期间，玛雅女性还负责准备人们食用的食物和饮品。

玛雅女性还全身心地投入到与自己家庭有关的一切工作中，从打扫卫生到准备食物，当然还包括对子女的照顾和教育。

但玛雅女性所做的工作似乎远不止这些，她们在生产中也占有一席之地，主要负责动物的饲养、谷物的播种和收割，以及在森林和丛林中采集水果。

尽管玛雅女性在社会生活中发挥了如此重要的作用，除了少数例外，大多数宗教仪式玛雅女性仍不能参加，也无法行使政治权力。玛雅社会以男性主权为基础，男性负责行使城邦权力，管理城邦，因此，玛雅社会的婚姻通常是出于商业交易、经济协议或政治联盟的考量。

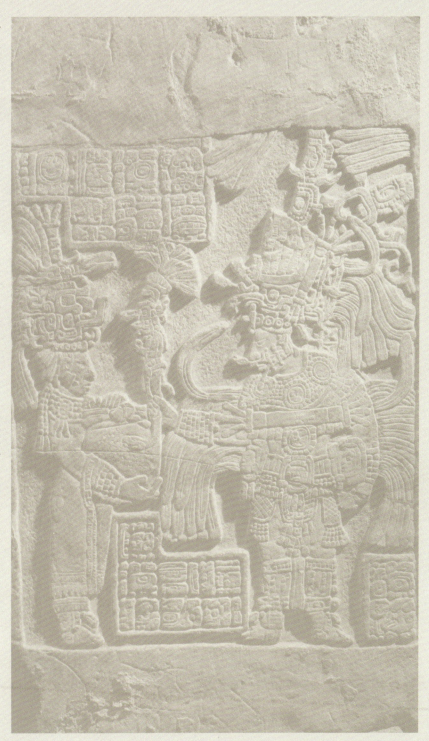

❖ **浮雕**　部分玛雅女性负责向祭司奉上祭品，但只有少数人才能承担这一职务。

玛雅住宅

　　玛雅农民住宅的外部轮廓不尽相同，不过基本以长方形和椭圆形为主。农民住宅的墙壁通常用土坯和藤条搭建，屋顶用秸秆铺盖，地面用土夯实。同西班牙人入侵前的所有其他文明一样，玛雅人住宅中家具稀少，无法通风，自然光也无法通过窗户射入室内。在玛雅家庭中，女性几乎承担了所有家务。◆

耕种 玛雅人通常会在住宅旁开辟一小块田地种植玉米或菜豆，这些都是玛雅人的食物来源。一家之主负责田地耕作，家庭中的男孩也要参与其中。

准备食物
　　玛雅女性的主要任务之一就是用研钵研磨谷物，为全家人准备日常食物，还要将部分磨碎的谷物分装在容器中以便储存。

◆玛雅人的"厨房"中会配备一套陶制容器，通常放置在研钵附近。

饲养动物 玛雅人还会在住宅旁饲养动物，作为食物供给。如此一来，玛雅人就将所有家庭活动都集中在了这一小块区域内。

家具 玛雅住宅中家具非常少。玛雅人通常睡在倚墙而建的土台上，土台中排有木棍加以固定，土台上铺有棉毯。除此之外，玛雅人也经常睡在吊床上。

房顶 玛雅住宅的房顶由棕榈叶和秸秆搭建而成。房顶通常比较高，呈拱形或金字塔形，由木质构架支撑。

厨房 位于玛雅住宅的中心位置，主要由用于生火的小坑构成。

工作 玛雅女性的所有工作都是在家中完成的。她们不仅要准备日常食物并将其妥善保存，还要为家庭成员制作衣物。

材料 建造住宅使用的材料因地区和时间的不同而不断变化。总体来看，用芦苇墙和土坯墙建造的玛雅住宅居多。

玛雅女性

同所有中美洲文明一样,玛雅女性在家庭经济结构中发挥着重要作用。母亲负责陶艺和纺织,与此同时,她还要照顾孩子、赡养家庭成员。在玛雅这个等级森严的社会里,贵族阶层和平民阶层的女性之间有着显著的差异,这种差异主要通过她们穿着的服装和佩戴的饰品来体现。◆

玛雅人的家庭经济建立在精准的资源规划上,女性在其中发挥着重要作用,因为她们要保障全家人的饮食。玛雅女性不仅要为家庭成员烹饪食物,还负责制作日常使用的锅、杯子、壶和盘子。上图为公元3世纪至公元6世纪期间的玛雅彩陶作品。

右图为玛雅浮雕,描绘了玛雅女性在君王面前臣服的画面

庙宇、祭祀仪式和权力

在某些情况下,玛雅女性在宗教生活中扮演着特殊且极其重要的角色,她们以女祭司的身份供奉神灵。在某些记载中,玛雅妇女与最高权力阶层存在着直接联系,她们甚至还负责授予玛雅君王王冠、盾牌等权力象征物。据悉,某些玛雅女性曾取得过非常高的社会地位,其中特别杰出的女性甚至成了统治者。

饰品 饰品和耳环体现了佩戴者之间的差异。贵族阶层的女性会佩戴金项链和金手镯,处于较低社会阶层的女性则佩戴由石头、骨头、贝壳或木材制作的简易耳环。

主要任务

玛雅女性承担了重要的家务劳动,包括养育子女、制作家庭成员的服饰等。此外,她们还负责饲养动物,为大型宴会准备食物和饮品。

鞋履 在玛雅社会,鞋履制作技术并没有发展得特别成熟,人们通常赤脚走动。但是,富裕阶层的人们通常会穿着一种用麻绳绑扎的皮凉鞋。

 左图为正在纺织的玛雅女性陶塑。

吉安娜岛上一尊玛雅贵族女性的雕像

女性服饰

玛雅女性的服饰是一种名为"惠皮尔"的宽大棉质服，这种服饰具有鲜明的地方特色。在一些城市，"惠皮尔"是一种高腰上衣，通常和裙子搭配；但在另一些城市，它是一件自头部套穿的宽松长裙。衣服上的装饰也因制作地区不同而略有差异，在尤卡坦地区，衣饰颈部、袖子和下摆的刺绣格外醒目。

发型 对玛雅女性来说非常重要，玛雅女性的头发乌黑浓密。精英阶层的女性会佩戴镶嵌着金、玉、铜的精致发饰。

拿阿屯的玛雅女性

拿阿屯考古遗址距离蒂卡尔约90千米，在那里的石碑上发现的玛雅女性图案表明，玛雅文明初期，女性曾以女王或神灵的身份享有崇高的地位。

❖ 拿阿屯石碑上的图案，上面描绘了现今已知的最古老的玛雅女性形象。

服饰

　　玛雅人对饰品的重视程度超过了衣服本身。因此，玛雅头饰、项链、腰带、耳环的样式远多于男女衣服的样式，一般来说，男性的衣着主要是缠腰布，女性是无袖外衣。镶嵌物、文身和身体彩绘构成了玛雅社会不同阶层人们的日常装饰。◆

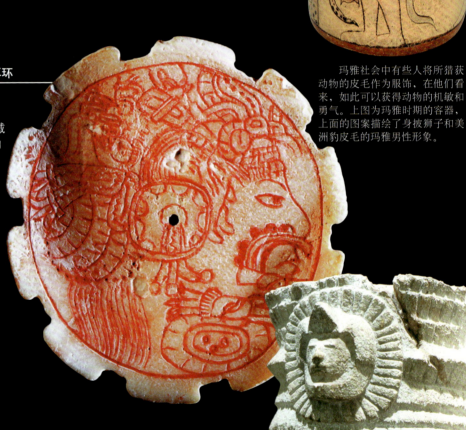

　　玛雅社会中有些人将所猎获动物的皮毛作为服饰，在他们看来，如此可以获得动物的机敏和勇气。上图为玛雅时期的容器，上面的图案描绘了身披狮子和美洲豹皮毛的玛雅男性形象。

用贝壳制成的耳环

耳环

　　耳环是玛雅男性和女性都会佩戴的饰品。耳环质量体现了佩戴者的社会地位。玛雅平民百姓佩戴的耳环是用骨头、木材或动物制成的，而贵族佩戴的耳环则是用玉石、金属或贝壳制成，耳环上面通常刻有神灵或重要人物的形象图案。

饰品

　　在富人佩戴的饰品中，最引人注目的莫过于耳朵和嘴唇上的圆盘，以及嘴唇和耳垂上镶嵌的金针或铜针。玛雅人将嘴唇的变形视为一种有别于他人的标志。

❖上图为面部带有饰品的玛雅人浮雕。

头饰和文身

　　对于玛雅贵族阶层、祭司阶层和军事精英阶层的男性来说，精美的发饰和面部文身就足以彰显他们优越的社会地位。常见的玛雅头饰是由美洲豹头、鸟头、蛇头以及神灵的形象做成的头饰。玛雅人将文身视为一种伟大的标志，文身主要集中在眼睛和嘴巴附近。

❖右图中为佩戴头饰、面部有文身的玛雅男性石雕。

刻有身着美洲豹皮服饰的玛雅人图案的壁画

男性服饰

平民阶层的玛雅男性只穿缠腰布，和所有服饰一样，缠腰布都是由女性制作的。统治、精英阶层的男性也身着缠腰布，但他们的缠腰布上都饰有精美的几何图案和神灵的头像图案。此外，统治、精英阶层的男性还在他们的服饰上额外加了一条腰带，并在腰带上和胸前佩戴玉石饰品。

身体彩绘是一种与众不同的标志，具有深刻的象征意义。黑色彩绘代表这个人处于单身状态，而黑色和红色相结合的彩绘则象征着这个人是一名战士。

男性美学

玛雅平民阶层的男性通常会将头顶上的一片头发剃掉，然后将其余头发留长，编成辫子，再盘绕在头顶，辫子的末梢垂到脖颈。而玛雅富裕阶层的男性通常利用他们佩戴的发饰表明其社会地位。

❖ 玛雅男性头部的石雕，展现了玛雅人的经典发式。

就鞋子而言，**将脚跟包裹起来**是玛雅人最为关心的事情。玛雅人通常用鹿皮将脚跟包裹住，然后用绳子将鹿皮和腿绑在一起。

雕塑艺术

　　石雕是玛雅文明最杰出的艺术表现形式之一，玛雅石雕的主题多样，且风格、制作原料种类丰富，尺寸规模也不尽相同，其中包括从纪念碑到微缩模型大小的石雕。雕塑、浮雕、圆盘、门楣、石柱，以及石碑均与仪式庆典、宗教和政治权力紧密相关，它们是将现实主义和象征主义相结合的文化遗产。◆

　　玛雅雕刻艺术的表现形式非同一般。玛雅香炉和火盆上的雕刻（如上图）既有独立刻画，也包括精细的拼装组合。

吉安娜岛君主的雕像，源自 7 世纪

吉安娜岛的雕像

　　吉安娜岛的雕塑作品是玛雅文明古典期的代表作，它们生动真实地还原了玛雅社会不同阶层人的体形和服饰。该岛的雕塑作品甚至还反映了玛雅人不同的精神状态，包括醉酒、生病等特殊情况。

权力美学

　　玛雅艺术与城邦的政治和宗教密切相关，这一点具体体现在具有象征意义的王座和多样化的神灵形象中。特别是刻有动物图案（通常是猫科动物）的王座，王座上的石雕揭示了大自然和君主之间的共融关系。

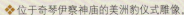

◆ 位于奇琴伊察神庙的美洲豹仪式雕像。

科潘遗址中建于731年的"B号石碑"

科潘石碑

　　玛雅君主的雕像将其服饰和王室标志刻画得非常逼真。科潘石碑是反映玛雅社会发展和特征的特别文献。科潘石碑中保存最完好的是"B号石碑",该石碑刻画了"十八兔王"登基的情景,他仿佛正在从地怪张开的獠牙中走出来,玛雅人通过这种方式将这位年轻的君主比喻为初升的太阳。

浮雕

　　浮雕是玛雅人登峰造极的石雕作品之一,因生动的刻画而闻名于世,玛雅浮雕上的宗教图案、动物像,以及人像的细节处理生动而真实。玛雅浮雕主要雕刻在门楣、庙宇的灰泥板、楼梯和屋顶上。

❖ 雅什齐兰遗址中第48号浮雕上的猴子图案,这是玛雅艺术的代表作之一。

接合处 石碑接合处的双头怪物代表地球。石碑两侧堆叠着数个面饰,从而构成了石碑的主体。君王头饰的顶部是金刚鹦鹉形的王冠,金刚鹦鹉是科潘地区一种常见的鸟类。

拐杖 十八兔王手持的拐杖(或法杖)结构十分复杂,上面刻有双头蛇图案。

装饰石盘 装饰石盘在木质底座上制作而成,上面镶嵌着绿松石和珊瑚,它们是玛雅-托尔特克艺术中最精致的作品之一。玛雅的装饰石盘纹饰各异,但蛇形纹饰居多,石盘中心有一面黄铁矿镜(如下图)。

音乐和舞蹈

　　音乐和舞蹈作为一种艺术表现形式,反映了玛雅文明取得的成就,它与玛雅城邦的宗教信仰、庆祝活动,以及私人或公众的祭祀仪式保持着天然的联系。玛雅乐器中没有弦乐器,但是涵盖了诸多管乐器和打击乐器,如各种类型的鼓、笛子、号角和哨子等。◆

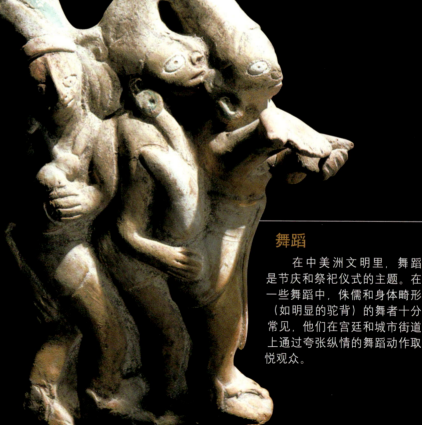

陶铃　和哨子一样,常常做成玛雅人物形象。玛雅陶铃多呈空心的人像形(如左图)或者动物形状,其空心部位通常会用谷物填充。

　　有些玛雅舞蹈仅限同性参与,异性不得加入对方的舞蹈当中。但是,也有其他种类的玛雅舞蹈需要男女混合,共同完成。上图是一个绘有玛雅人跳舞场景的杯子。

文明的延续

　　在曾隶属于玛雅文明的各个地区,前哥伦布时期的音乐特色被完好地传承下来。玛雅的音乐遗产通过乐器和舞蹈代代相传。

❖ 在危地马拉的奇奇卡斯特南戈地区,一位身穿庆典服饰的音乐家正在弹奏马林巴琴。

舞蹈

　　在中美洲文明里,舞蹈是节庆和祭祀仪式的主题。在一些舞蹈中,侏儒和身体畸形(如明显的驼背)的舞者十分常见,他们在宫廷和城市街道上通过夸张纵情的舞蹈动作取悦观众。

❖ 玛雅舞者的雕像。

以乐器"马拉卡斯"演奏者为原型制作的玛雅哨子

管乐器和打击乐器

　　同所有中美洲文明一样，玛雅社会最流行且传播范围最广的乐器是管乐器和打击乐器。管乐器主要以哨子、笛子和号角为主，打击乐器则以马拉卡斯、鼓、手鼓和陶铃为主。

哨子　不仅是管乐器，也是玛雅艺术灵感的源泉。哨子的形式种类繁多，十分常见的形式有动物、神灵或正在参加某种活动的人物等。

打击乐器　人们普遍认为，由于鼓、马拉卡斯和果实外壳等打击乐器的存在，玛雅音乐里的节奏比旋律更重要。打击乐器的乐律与舞者手腕、腿部和腰间绑着的铃铛所发出的声音相辅相成。

音乐的发展

　　音乐几乎伴随了玛雅人所有宗教和政治活动，如新任统治者的继位仪式。同时，舞蹈也会出现在祭祀仪式、婚礼、葬礼，以及历法中与季节更替相关的节庆活动里。

❖ 罐子、杯子和腰带上的诸多图案还原了玛雅人的音乐和舞蹈。上图是博南帕克一幅绘有玛雅音乐家的壁画。

圣球运动

　　圣球运动广泛存在于中美洲人民的日常生活中，它被赋予了浓厚的仪式感和宗教意义。圣球运动代表太阳神下到冥界，同时也象征着太阳神取得的胜利，以及之后他将以玉米神的身份回归。此运动也被视为祈求土地肥沃的仪式，该仪式通常在农耕播种后举行，玛雅人也借此祈求风调雨顺。此外，圣球运动还与祭祀仪式有着紧密的联系，玛雅人有时会将战败的球员或队长斩首，或是将其从在球场一侧搭建的特殊高台上推下，以此向神灵献祭。当然，圣球运动也被当作一种普通的娱乐活动。◆

圣球运动　在圣球运动中，球员用身体的特定部位击球，如前臂、膝部和臀部，上述身体部位通常会用绑带做特别加固和防护。

规则

　　圣球运动的玩法规则较多，通常是不断地移动圣球，直至将球投到对方的石环内。而玩法的区别在于该运动所规定的触球部位。根据规定的触球部位的不同，球赛中使用的球的大小和重量也不同。在圣球运动中，当其中一支球队得到一定的分数，或将圣球直接射入石环（相当于今天篮球比赛的篮筐）中时，比赛就结束了。

◆于吉安娜岛上发现的圣球运动参赛者的雕像，高约15厘米。

球场　通常呈"I"字形或双写"T"字形，但是人们也发现了其他形状的球场。通常来说，球场就是指两个平行建筑物之间的空地。

球　由生橡胶或实心橡胶制成，直径在25厘米至30厘米之间，重约3千克。根据圣球运动不同的玩法，所使用的球也有不同大小、轻重的分类。

历史悠久的圣球运动

　　早在前2千纪，圣球运动（玛雅人称其为"pok-a-tok"）就已经在墨西哥流行了。随着时间推移，球场设计和运动规则一直在不断变化（例如，在一些玛雅时期的图案上可以看到，球员手持球棒击球），但圣球运动始终不变的是要将球投入石环，并以此确定胜者。

球员　由于圣球运动的玩法较多，球员的数量也各不相同。通常会有2支队伍参加比赛，队员的数量从1人到7人不等。

石环　球员投球时的石环有时会镶嵌在球场两侧建筑的墙上，两队的石环彼此相对。

神话与信仰

神话与信仰

献祭之路

与所有中美洲文明一样，宗教在玛雅文明中占据着核心地位，它渗透在玛雅人日常生活的方方面面，从农业生产到艺术、娱乐，其表现形式无不受到宗教的影响。

从严谨的宗教角度看，玛雅人的宗教信仰建立在三个基柱之上：多神论（崇拜众多神灵）；自然主义（认为神灵是自然界的元素）；二元论（生命受善与恶、生与死、善神与恶神相互对立的斗争和角力的支配）。

玛雅人的宗教信仰源于其特殊的世界观，他们认为，整个宇宙由13层天堂组成，最底层是地面。而每层天堂都由上界13位神灵中的一位统治，这些神灵在玛雅语中被称为"Oxlahuntikú"。

在玛雅人的世界观里，地面之上有13层天堂，地面之下亦有9层地狱，地狱的层数比天堂略少，而地狱的最底层是冥界。

玛雅人认为，在其所生存的世界之前还有很多其他世界，但之前的世界相继被大洪水摧毁了。

玛雅万神殿

玛雅人尊崇诸多神灵，既有善神，也有恶神，诸神之上是造世主胡纳伯·库（Hunab Kú），玛雅人将其视为众神之父。不过，奇怪的是，胡纳伯·库是唯一一个没有身份象征的神灵，也就是说，在所有已知事物中，没有代表他存在的标志象征。

在胡纳伯·库之下是玛雅世界观中极为重要的神灵，其中，最具代表性的是天神伊扎姆纳（Itzamná）、羽蛇神库库尔坎、雷霆和闪电之神雅鲁克（Yaluca）、雨神恰克，以及玉米神（亦称农业之神）瓦克斯·尤尔·卡维尔（Wakax Yol K′awil），又称奈尔（Nal）。

天神伊扎姆纳是天堂之主，主宰着昼夜。伊扎姆纳常被描绘成一位上了年纪的男性，他没有牙齿，脸色古铜，长着鹰钩鼻，偶尔留胡须，在玛雅古抄本中反复出现。玛雅人认为，伊扎姆纳是玛雅文字和历法的创造者，而文字和历法在玛雅社会中的重要性也决定了玛雅万神殿众神的次序。

继伊扎姆纳之后，羽蛇神库库尔坎成为玛雅宗教中第二重要的神灵，他对应着阿兹特克文明中的羽蛇神魁札尔科亚特尔。玛雅人在接触了中部高原地区文明后，将该地区文明中的风神伊厄科特尔（Ehecatl）引入了玛雅文明。而伊厄科特尔很晚才被纳入玛雅万神殿，但他很快就被不同的统治者所接受并尊崇，以使统治者自身的权力合法化。伊厄科特尔也被视为造物主古库马兹（Gucumatz）。

伊扎姆纳的妻子伊希切尔（Ixchel）是月亮和彩虹之神，她掌管着洪水的分配、怀孕和纺织等事宜。伊希切尔通常被描绘成一个将陶壶或陶罐中的水倒在地上或是用纺织机织布的老妇人。

❖ **恰克** 图为雨神恰克的雕像，雨神恰克是玛雅万神殿中最受欢迎的神灵之一，由于他与农业生产密切相关，因此也被视为农业的守护神。

◆ **帕伦克古城遗址**　位于恰帕斯地区帕伦克古城的阶梯式金字塔是玛雅人最重要的建筑之一。

❖ **呈现载体** 玛雅建筑是玛雅宗教信仰的呈现载体，玛雅文明中不同神灵的形象在其建筑上都有其独有的装饰图案。下图的建筑上饰有雨神恰克。

多样的玛雅万神殿

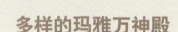

在众多玛雅神灵中，死神阿普切（Ah Puch）是冥界之主，他长着一颗骷髅头，身边时常有鸣咽鸟、猫头鹰和狗相伴，因此，这些动物都被玛雅人视为凶兆。另外，阿普切也被描绘成一个有着美洲豹或猫头鹰面孔的骷髅骨架。死神阿普切的肌体上有时有皮肉，但通常处于腐烂的状态，如同尸体一般。死神阿普切的主要饰物是身体或骨架上的铃铛，事实上，人们已在玛雅地区的祭祀场地遗址中发现了数十种类似的铃铛。

阿普切在玛雅人的古抄本、绘画和浮雕中多次出现，毋庸置疑，他是玛雅文明最重要的神灵之一，而阿普切常常与战争和活人献祭联系在一起。

恰克是玛雅文明中的雨神，为了庇护玛雅的所有领土，雨神恰克被定义为由四个恰克组成的复合体神灵，每个恰克各自都有对应的方位和颜色：红色对应东方的恰克，白色对应北方的恰克，黑色对应西方的恰克，黄色对应南方的恰克。据说，四个恰克所代表的方位和颜色与玛雅神话中的巴卡布（Bocaboob）四兄弟相呼应，巴卡布四兄弟位于世界树旁边，四兄弟对应的颜色分别代表地球的不同地区。玛雅人认为，世界中心的颜色是绿色，并且在世界的中心坐落着世界树，世界树的顶部延伸到13层天堂，而其根部贯穿地下的9层地狱。

恰克通常被描述成长着尖而长的鼻子、凸露獠牙的神灵。作为雨神，恰克在农业周期中具有重要意义，因此其备受玛雅农民的尊崇。

瓦克斯·尤尔·卡维尔是玉米神，别名奈尔、阿门（Ah Mun）或坎恩（Kan），也被视为农业之神，这位玉米神常常被描绘成一位带着玉米穗头饰的青年。

雷霆和闪电之神雅鲁克也是玛雅文明中的重要神灵，与下属卡库尔哈（Cakulha）和科尤帕（Coyopa）相互协作。在玛雅神话中，雅鲁克是一位老人，他因自己年龄过高而不愿释放雷电以击碎压着玉米的岩石。因此，卡库尔哈和科尤帕尝试击碎岩石，但却未能将岩石移动分毫，结果无功而

❖ **陶器**　盖子上装饰着格查尔鸟图案的玛雅陶罐，这种鸟类图案在玛雅文明里十分常见。(左图)

返。但是，他们在尝试过程中引发的声响吸引了雅鲁克的注意，最终，雅鲁克决定击碎岩石，释放出被积压的玉米，自此，玉米遍布整个大地。

玛雅的宗教信仰崇尚自然主义，每种自然现象（比如，火、雨和风）在玛雅宗教中都有与其对应的神灵。

同时，在玛雅宗教信仰中，每个月的20天与一年的19个月（哈布历：由每月20天组成的18个月，加上年末5日构成的第19个月）一样，都有着各自对应的神灵。

祭祀仪式

与所有多神论宗教一样，玛雅人通过在庙宇和祭祀场所向不同神灵献祭，推崇其宗教信仰。

坐落于城市中心的金字塔是玛雅人主要的庙宇，也是玛雅信徒的集会点，玛雅信徒在金字塔举行祭祀仪式，祈求获得自然资源，维系社会的良好运转。

从这个意义上看，祭祀仪式包括复杂的祈祷和献祭，在玛雅祭司的监督下，男性和女性均可参与其中。

在各种玛雅仪式中，玛雅人极度推崇献祭，献祭者通过流血的方式完成向神灵的献祭。为此，玛雅人通常用尖锐的匕首、骨刺和荆棘刺穿献祭者的身体。根据博南帕克壁画所展示的内容，玛雅人会将献祭者的舌头、耳

祭司的职能

❖◆❖

祭司的职能远不止侍奉神灵，他们还是玛雅君王重要的顾问，并拥有一定的政治权力。

玛雅祭司不仅要通晓中美洲社会历经几个世纪积累起来的科学知识，而且还是天文学家，会预测星象、测算时间。不过，从平民的视角来看，玛雅祭司行使的权力也意味着他们必须过一种饱受约束的生活，有时甚至要为此做出一定的牺牲。

从这个角度上说，玛雅祭司在生活中必须保持贞洁，他们被禁止结婚。此外，作为神圣祭祀仪式的参与者，玛雅祭司必须为此做出牺牲，例如长期禁食，以及各种自残行为（如刺穿耳朵、鼻子和舌头等出血量较多的身体部位）。

垂甚至是性器官刺穿。然后，玛雅人会将血液、树皮纸和使用的工具一起烧掉。

玛雅祭祀仪式不仅包括献祭，还有舞蹈。玛雅男性和女性均可加入祭祀仪式的舞蹈当中，但通常舞蹈会按照性别分开，极少数情况下才有男女共舞的场面。

在玛雅舞蹈中，最为著名的是一种名为"霍尔坎奥科特"的舞蹈，约有800名玛雅战士参加，并且，舞

蹈的整体契合度非常高。

除了献祭和舞蹈，在玛雅人的祭祀仪式里，音乐、集体戏剧和祈祷也非常重要。

玛雅的祭祀仪式还要求人们斋戒和禁欲。

玛雅人在祭祀仪式中还使用具有致幻作用的蘑菇和发酵的饮料。

❖ **出现**　神灵形象常出现在罐子和器皿上，这也体现了玛雅人日常生活的方方面面都受到宗教信仰的影响。(如右图)

❖ **面具** 左图，位于今墨西哥恰帕斯州地区帕伦克文明的最高首领帕卡尔 (Pakal) 的丧葬面具。

在玛雅祭祀仪式上，玛雅人也会将动物、特制的或特意收集的物品作为祭品奉献给神灵，例如，精美的毛毯、鲜花和五彩羽毛，以及用玉、黑曜石、铜和黄金制作的饰品。

玛雅文明中所有祭祀活动都有完善的规章制度，而且只在特定的日期举办。玛雅人为此制定了非常精准的日历并严格遵守，这是因为祭祀活动是玛雅人政治生活和社会生活的重心。

玛雅祭司负责组织宗教祭祀仪式，仪式上通常伴有大规模的献祭。

献祭

在中美洲社会，虽然所有的祭祀仪式和庆祝活动都有特定的做法，但像玛雅人这样经常进行人体献祭的现象却并不常见。

玛雅献祭的起源，或者说其合理性，在玛雅圣书《波波尔·乌》(Popol Vuh) 中有所记载。

圣书《波波尔·乌》中提到，玛雅诸神用玉米造人是出于两个目的：其一是为了获得玉米人的赞美；其二是为了让玉米人永远侍奉他们。这也就解释了文字、人类的鲜血与心脏对玛雅人的重要性，因为文字被创造出来是为了赞美玛雅诸神，而鲜血和心脏则是为了侍奉神灵。

基于此，玛雅人将活人献祭视为延续其生存而进行的活动，因为如果不供奉神灵，整个世界将会彻底毁灭。

关于玛雅人的献祭，流传最多的说法是他们会将掳获的战俘献祭给众神，但实际上，玛雅的儿童、成年男女也会被当作祭品。

玛雅人的献祭仪式上最常见的做法是取出献祭者的心脏并将其献给神灵，这种做法在绘画和古抄本中有大量的记载，但玛雅人也会通过其他方式完成献祭，包括死亡之箭、斩首，以及将献祭者从金字塔顶部推下使其沿台阶滚落至塔底。这种方式在玛雅语中被称为 "cucul eb"，其字面意思就是 "从台阶上滚落下来"。

根据玛雅壁画的记载，玛雅祭祀仪式中，献祭方式还包括取出战俘的内脏，然后献给诸神，以及用刀和其他尖锐的工具对献祭者进行各式各样的折磨。

祭祀仪式结束后，玛雅人通常会将其内脏和仪式中所用的工具放置在大型祭器内。

❖ **蛇** 玛雅雕刻艺术和装饰品中经常出现的形象之一，它揭示了羽蛇的存在，而羽蛇是由玛雅人从特诺奇蒂特兰地区的文明中继承并吸收而来的。（如下图）

玛雅人的死亡概念

古玛雅人认为，人死后，他的灵魂会踏上一条通往冥界的路，玛雅人将冥界称为"西巴尔巴"（Xibalbá）。与希腊神话等其他神话的记载一样，玛雅人的灵魂会在"闪电和死亡之犬"的引导下穿过冥河，最终到达冥界。根据玛雅人的信仰，这条路并不是逝者灵魂唯一的朝圣之路。在战争中阵亡的玛雅战士，他们的灵魂将前往天堂并最终在太阳身旁得到安息。死亡对中美洲的社会来说并不是一件可怕的事情，在这种背景下，玛雅人根据死亡呈现的方式，赋予了它特殊的意义。玛雅人认为，在初次分娩时去世的女性、溺水而亡或在宗教祭祀仪式上的献祭者都是非常神圣的。

无论社会等级如何，玛雅人通常会将逝者埋葬在其生前所居住的住宅之下。有时，若逝者是一位重要人物，玛雅人就会将其埋在庙宇旁边。玛雅人常常会在其墓葬中放置饮品容器，这是为逝者灵魂的旅途准备的。玛雅贵族阶层的陵墓内还有陶器、玉石面具和石制面具、玉器首饰，以及食物。此外，玛雅人还会将逝者的头骨保留下来，以便日后向其进行献祭。

❖ **陵墓和纪念碑**　于蒂卡尔二号神庙金字塔脚下发现的陵墓和纪念碑，它们属于玛雅祭祀阶层和王权阶层。

万神殿

　　玛雅人吸收借鉴了早期文明中的诸多神灵，同时又与自身文明中最重要的神灵区别开来。一般来说，自然元素、星宿、数字、农作物、日历和时间周期都有与之对应的神灵。在玛雅人的世界观里，众神曾试图创造人类，但他们前两次的尝试均未成功。最终，众神以玉米为原料才创造出了人类。◆

武士神庙的遗址，神庙上刻有羽蛇图案

羽蛇神

　　在玛雅神话里，前三位参与用玉米造人的创造神是极其重要的神灵。其中最重要的是风暴之神，他教会了人们如何生火。风暴之神得到了火神胡拉坎（Hurakan）、大地和水域之神特佩乌（Tepeu）的支持。玛雅人的神灵古库马兹对应于阿兹特克人的神灵魁札尔科亚特尔，二者均被视为羽蛇神。

雨神恰克

　　恰克是玛雅神话里的雨神和雷电之神，他通常被描绘为一位老人，长着爬虫类的眼睛、长鼻子和两颗长獠牙。恰克的重要性源自其对玉米耕种和收获的重要意义，玛雅农民经常在开始农业活动时祈求雨神恰克的庇佑。

❖ 在乌斯马尔遗迹修女四合院中发现的雨神恰克面具。修女四合院由四个宫殿和一个庭院组成，庭院位于四合院的中心，院中墙壁上装饰有精美的雕刻。

经常出现的元素　羽蛇头是玛雅艺术作品中经常出现的元素，玛雅人用它来装饰庙宇、宫殿和圣球运动的球场。羽蛇头时刻提醒着玛雅人所信奉的至高神灵的存在。

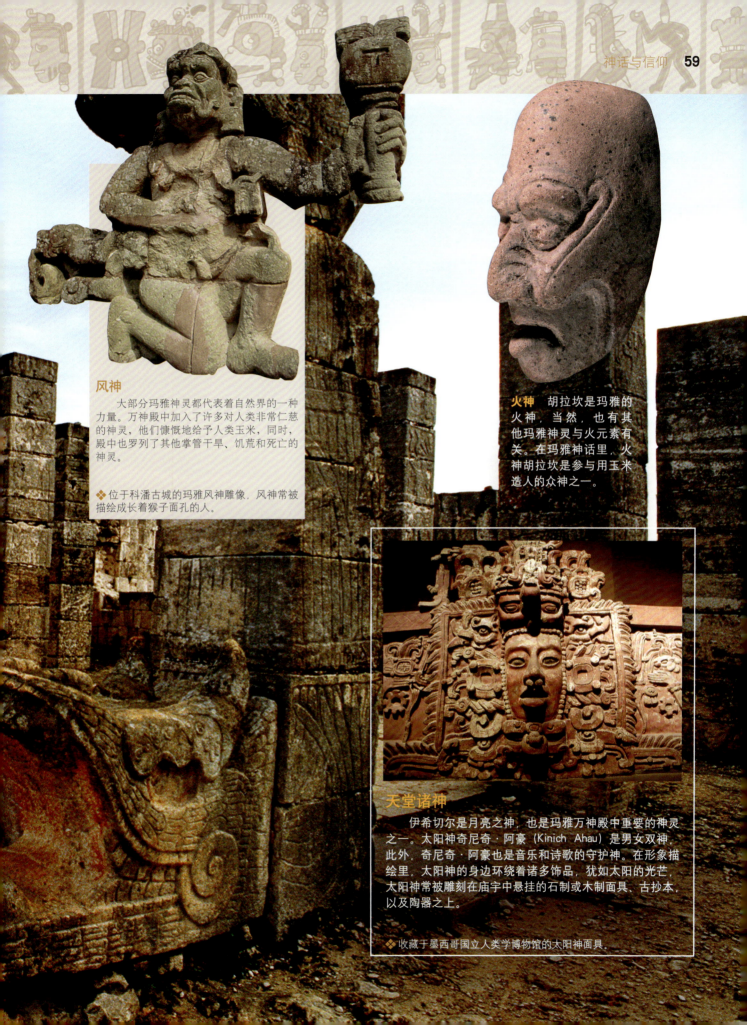

风神

　　大部分玛雅神灵都代表着自然界的一种力量。万神殿中加入了许多对人类非常仁慈的神灵，他们慷慨地给予人类玉米，同时，殿中也罗列了其他掌管干旱、饥荒和死亡的神灵。

❖ 位于科潘古城的玛雅风神雕像，风神常被描绘成长着猴子面孔的人。

火神

火神　胡拉坎是玛雅的火神，当然，也有其他玛雅神灵与火元素有关。在玛雅神话里，火神胡拉坎是参与用玉米造人的众神之一。

天堂诸神

　　伊希切尔是月亮之神，也是玛雅万神殿中重要的神灵之一。太阳神奇尼奇·阿豪（Kinich Ahau）是男女双神，此外，奇尼奇·阿豪也是音乐和诗歌的守护神。在形象描绘里，太阳神的身边环绕着诸多饰品，犹如太阳的光芒，太阳神常被雕刻在庙宇中悬挂的石制或木制面具、古抄本，以及陶器之上。

❖ 收藏于墨西哥国立人类学博物馆的太阳神面具。

祭司阶层

和所有中美洲社会一样，在玛雅文明中，祭司扮演着至关重要的角色，他们不仅负责宗教仪式的管理和思想传播，还要推动当地文化在各个领域中的发展。祭司群体在玛雅社会备受尊崇，他们的影响力几乎不逊于君王。作为玛雅神灵的解释者，祭司积极参与到祭祀仪式当中。◆

玛雅后古典期的陶器，描绘了一位正在祈祷的玛雅祭司。这一时期，祭司作为人类与神灵之间的桥梁作用转移到了军事首领身上。

多种职责

玛雅祭司的职责不仅限于主持宗教仪式。他们还负责玛雅社会的知识生产，储备掌握的宗教仪式、神灵、天文学、占卜学、预言、文字和医学等领域的知识。

❖ 绘有大祭司主持宗教仪式场景的玛雅器皿。

描绘美洲豹吞食人类心脏场景的浮雕

献祭

玛雅人将献祭融入其宗教信仰和仪式当中。根据玛雅陶器和纪念碑上的记载，献祭常见的做法是取出献祭者的心脏，其中相当一部分献祭者是儿童。玛雅人血腥的献祭习俗在其尊崇的猫科动物美洲豹的形象中也有所体现。

科潘古城的第Q号祭坛 玛雅地区历史信息的主要来源之一是科潘古城的第Q号祭坛（如上图），该祭坛由科潘第16任君王雅始帕萨（Yax Pasah）于公元775年下令建造。第Q号祭坛上刻有科潘16位君王的图案，按照朝代更迭的顺序排列，下方标注了君王的名字。科潘的君王同时承担着大祭司的角色，这使他们的权力更加集中。

玛雅大祭司的雕像

威望甚高的阶层

　　祭司阶层是玛雅社会的特权阶层之一，祭司阶层内部也有等级划分。高级祭司称"阿金迈"（Ah Kin May）或"奥坎迈"（Ahuacán May，意思是"蛇之王"），他们通常担任玛雅君王的顾问。高级祭司之下是祭司"契兰"（Chilanes）、"纳康"（Nacones）和"恰克"（Chaques），"契兰"是部落医生，负责满足人们的需要，"纳康"与"恰克"共同执行人祭，此外，"恰克"还负责在玛雅年伊始点燃圣火。

佩饰　祭司阶层在玛雅社会享有崇高地位，他们通常会佩戴着许多金制、铜制和玉制的项链和胸饰。

五层神庙

　　五层神庙是古代玛雅人宗教生活中最重要的神庙之一，它位于今天墨西哥坎佩切地区的埃兹纳古城。五层神庙中保存着天神伊扎姆纳的纪念碑。神庙每层楼高4.6米，由一系列祭司专用的房间组成。神庙的顶层平台上坐落着一座高6米且带有天窗的庙宇，这使五层神庙的建筑总高度达到了31米，建筑比例也十分优美。

❖ 五层神庙遗址，除了底层，神庙每层原来都建有拱廊。

玛雅人的学识

玛雅人在数学和天文学方面取得的知识使其成为前哥伦布时期中美洲地区最发达的文明。他们发明了包括零在内的数字系统,这一创造对当时许多其他文明来说需要花费几个世纪的时间。玛雅人使用两种历法,其中一种历法的天数与格里高利历相同。玛雅人对天体的观察细致入微,同时,他们还掌握了周围自然元素的治愈疗效。◆

玛雅人所掌握的数学知识使其能够精准地记录重大事件、王朝统治和庆典活动。上图为比赛日的纪念杯。

自然医学

玛雅医学的发展有赖于"扎克耶"的支持,"扎克耶"是掌握当地草药天然治愈特性的草药师,他们负责为巫师提供医疗物资,包括汤剂、泥敷剂、针刺放血所需的物资,以及产生幻觉的药剂。照料病患也会涉及其他方面的知识,例如人与神之间的关系,玛雅人举办仪式并进行祈祷和献祭,以祈求神灵改善病患的健康状况。此外,玛雅人还会用泥塑来驱逐恶灵。

❖ 玛雅人是首个发现苋菜(如上图)营养价值的群体,但苋菜的颜色,以及它与祭祀之间的联系使西班牙人禁止了苋菜的使用。

位于奇琴伊察的天文台

天文学

在西班牙人入侵美洲之前,玛雅文明在天文学和科学领域取得了最高成就。玛雅天文学家非常重视能够准确地追寻太阳的运动轨迹。此外,他们也特别关注银河系,其天文学家认为,银河系是世界之树,其象征物是雄伟繁茂的"吉贝树"。

玛雅数字系统和时间周期刻度

数学

　　玛雅的数字符号有三个，分别是：代表零的"贝形符号"、代表 1 的一个"点"和代表 5 的一条"横线"。与横向排列的阿拉伯数字不同，玛雅数字为竖直排列，数值小的在下，数值大的在上。数学在玛雅长纪年历的计算中也有所运用，玛雅长纪年历的日期由五种时间周期乘以特定的数字系数构成。

	位值	
	x 144,000	伯克盾
	x 7,200	卡盾
	x 360	盾
	x 20	乌纳（月）
	x 1	金（日）

0	1	4	5	11	19	20	126	1,092	36,102	1,368,080	日

天文台 也称"蜗牛"，为圆柱形塔楼建筑，其顶部是拱形屋顶，拱顶房间被用作天文台。天文台因内部螺旋状的石头阶梯而得名"蜗牛"，螺旋阶梯可能是受风神的启发，并为向其致敬而建。

天体运动轨迹 由玛雅祭司通过特别的方式确定。祭司每天坐在神庙最高处，眼睛盯着地平线，同时，根据固定在地面上的木棍的阴影观察太阳的运动轨迹，当太阳通过天顶时木棍就不会有影子。

历法

　　玛雅历法是中美洲文明使用的历法中最完善的历法。除了长纪年历，玛雅人还有两种历法，一种是以 365 日为一年的太阳历（又称哈布历），另一种是以 260 日为一年的卓尔金历。在上述两种历法中，数字注释均由数字和符号混合编写而成。两种历法中使用最广泛的是卓尔金历，它被用于规划农业活动与宗教仪式。

❖ 16 世纪《科斯皮古抄本》中的彩绘。《科斯皮古抄本》是前殖民时期撰写的绘稿，描绘了以 260 日为一年的卓尔金历和各种玛雅仪式。

伟大的城市
——帕伦克古城

    帕伦克是一座建造精美的城市建筑群,内部建有精心布局的街道、奢华的建筑、庙宇和灌溉渠道。在城市诸多建筑中,一座大型阶梯式金字塔俯瞰着帕伦克古城。由于城内丰富多样的建筑及其被发掘时的保存状态,帕伦克古城成为最重要的玛雅文明考古保护区之一。◆

阶梯式金字塔的复原图

碑铭神庙

    碑铭神庙是帕伦克古城最大的金字塔,建于玛雅古典期的后期,因其顶部神庙内刻有碑文的石板而得名。碑铭神庙内部设有墓室,在墓室入口处发现了五具男女骸骨,这五人均在宗教仪式中被献祭以陪伴帕伦克君王前往来世。

脊饰 神庙屋脊的装饰极其精美。碑铭神庙与其他建筑上的浮雕为解读建筑蕴含的祭祀意义提供了很大的帮助。

石阶 右侧剖面图展示了从神庙后方通往墓室的石阶,在将作为神庙地板的大石板吊起后,石阶被世人发现。

结构 墓室最初被八块坚硬的石板所覆盖,石板由彩绘图案装饰(玛雅人在彩绘方面有着很高的造诣)。

墓室 主要用来存放帕伦克君王巴加尔二世的遗体,碑铭神庙也是为纪念这位伟大的君王而建。部分墓室结构一直延伸到地下。

神庙 是整个建筑之冠，坐落在金字塔顶部平台之上。神庙大殿内有三块石板，上面刻有 617 个象形文字，神庙因此得名"碑铭神庙"。

侧柱 侧柱上雕有华丽的灰泥浮雕，浮雕上绘有彩色的装饰图案和人物图案。

帕伦克古城遗址的布局

　　帕伦克古城遗址占地 15 公顷，奥托罗姆河自北向南贯穿而过，将古城遗址分为两个区域：E 区（十字神殿群）和 O 区（帕伦克宫和碑铭神庙）。帕伦克古城是帕伦克王国的首都，控制着乌苏马辛塔河和尤卡坦半岛南部范围内商品和人员的流通。玛雅时期的帕伦克古城名为"拉卡姆哈"（Lacam Ha），直译为"大水"，但之后人们用距离帕伦克遗址 8 千米远的圣多明戈帕伦克小镇重新命名了这处遗址。

1 A建筑群　　6 碑铭神庙
2 奥托罗姆河　7 十字神殿群
3 J建筑群　　8 恩坎塔多建筑群
4 帕伦克宫
5 E建筑群

神庙的秘密

　　石棺所在墓室是已知最大的玛雅墓室之一。墓室长 10 米，宽 4 米，拱顶高 7 米。碑铭神庙的秘密于 1952 年被世人发现，当年，墨西哥考古学家阿尔贝托·鲁兹·鲁里耶（Alberto Ruz Lhuillier）发现了通往墓室的石阶，并顺着石阶发现了墓室的存在。

横截面
位于石阶上方的拱顶建筑。

侧视图
通往墓室的石阶所在的位置。

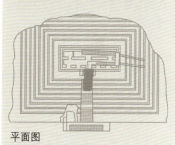

平面图
墓室和石棺的位置。

外部石阶
　　外部石阶通向金字塔顶部平台。巴加尔二世的儿子强·巴鲁姆二世数次主持了碑铭神庙外部石阶的重建。

保存最完好的建筑

　　西班牙神父德·索里斯（De Solís）于 1746 年发现了帕伦克古城遗址。帕伦克古城遗址中，保存最完好的建筑是碑铭神庙、帕伦克宫，以及位列十字神殿群建筑之一的太阳神庙。1987 年，帕伦克古城遗址被列入世界文化遗产。

碑铭神庙

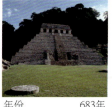

年份	683年
地基	24米×7米
高度	25米

作为陵墓的金字塔。石棺里有许多珠宝首饰和一个镶嵌着玉石的面具。

帕伦克宫

年份	764年
地基	100米×80米
高度	约27米

专供祭司与君王使用的宗教场所：包括分布在 3 个院落中的 15 座建筑，以及一座 4 层楼高的方塔。

太阳神庙

年份	692年
地基	20米×9米
高度	约20米

太阳神庙象征着宇宙，它与最高大的十字圣树神庙和叶形十字神庙相邻。

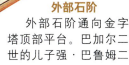

丧葬礼仪

　　玛雅人的丧葬方式并非一成不变,它会根据地区和时期发生变化,从最简单到最复杂的方式都有。但是,所有玛雅葬礼都会用大量的陶器、马赛克式面具或宝石面具、玉制首饰、木制品和食物进行陪葬。◆

　　除了丧葬面具,重要人物的陵墓中通常还会放有丧葬用的雕刻石盘(上图为位于今危地马拉境内蒂卡尔古城遗址发现的雕刻石盘)。这些石盘上通常记载了逝者生前的重要事件,如权力更迭或重要战役等。

考古学的贡献

　　蒂卡尔、乌斯马尔和科潘遗址是具有重要意义的玛雅文明考古遗迹。对墓葬(陵墓、棺材和器物等)的研究是考古学专业的分支,它揭示了古人日常生活、文化和宗教方面的各种特征。

❖ 人类学家卡尔·德曼盖特在科潘古城处理各种石块。

陪葬

　　最精致的玛雅丧葬建筑可以追溯到 1 世纪,当时,玛雅人建造了众多纪念碑和陵墓。除了纪念品、装饰品和贵重物品,玛雅人通常还会将陪葬者的尸体放入陵墓与逝者一起埋葬。

❖ 刻有玛雅死神形象的带盖骨灰坛。

丧葬面具 玛雅人信奉来世，他们常把未来会使用的物品随葬在逝者身边。其中就有丧葬面具，它通常是逝者自身希望到达冥界时所展现出的样子。

在乌斯马尔墓地发现的玛雅死神图像

死神

死神是邪恶之神，被称为阿普切，又称阿西米赫（Ah Cimih）或基辛（Kizin´），是冥界的主宰，通常与战神和人祭联系在一起，所以，他的代表形象周围总是围绕着骨头和骷髅头。死神的身边总是伴随着象征不幸或死亡的生物。

形象 死神常被描绘成一个有着美洲豹或猫头鹰面庞的骷髅骨架。死神的头发、前臂和腿上都绑有铃铛作为装饰。

丧葬饰品

已经发掘的诸多玛雅陵墓表明，玛雅人在葬礼上会将珠宝和饰品，特别是玉制的项链和胸前配饰随葬在陵墓中。

❖ 玛雅人骨架及其随葬饰品的复原图。

不同类型的陵墓

玛雅人在墓地、逝者生前居住的住宅或宫殿之下埋葬逝者，对于较高社会阶层的成员，他们会将其埋葬在特别建造的庙宇内。下图是科潘地下陵墓的入口。

1　**简易陵墓**　主要指在住宅之下挖掘的简易陵墓。

2　**楚尔顿**　由天然洞穴构成的陵墓。

3　**石棺**　用石头铸造而成，常存放于墓室之中。

4　**西斯塔陵墓**　通常位于地上或建筑内部，其墙体较为粗糙，并且没有棺盖。

5　**佛萨斯墓穴**　由灰浆筑成的陵墓，上方盖有盖子，通常位于地表或建筑内部。

6　**墓室**　指棺材垂直放置的房间。

吉安娜岛的雕像

　　吉安娜岛位于尤卡坦半岛西海岸附近，进岛非常便利，它被视为辉煌的玛雅艺术宝库。人们认为吉安娜岛以前很可能是附近城市重要人物的墓地，甚至是供军人使用的宗教场所，因为在岛上发现了大量贵族和战士的雕像。但无论如何，可以确定的是，伟大的陶匠制作了成百上千个雕像，这些雕像的高度基本不超过 30 厘米，真实还原了阶层繁杂的玛雅社会。◆

吉安娜岛上的陶匠还制作了刻有装饰图案的杯子（如上图）和罐子，以及大量乐器，例如哨子和洋埙等。

墓地

　　吉安娜岛建有两座名为扎克普尔和扎约萨尔的仪式建筑，以及球场和墓地。据说，墓地中埋葬的是当地富商、祭司和贵族的遗体。

❖ 在吉安娜岛发现的一名玛雅贵族雕像。

真实或许是吉安娜岛雕像最显著的特点之一。例如，战士的雕像有时会绘有伤疤和文身，而少女和成年女性的雕像则佩戴着丰富的饰品。

佩戴着项链和头饰的玛雅贵族雕像

雕像人物类型

　　雕像刻画了许多富裕阶层的人物，尤其是祭司、战士、高官和君王。这些雕像人物属于统治阶级，因为他们当中的大多数都佩戴着仅限贵族和最高权贵使用的珠宝和头饰。此外，雕像还刻画了大量的神灵、平民，以及贴近生活的人物形象，如残疾人、侏儒和醉汉。

陶匠　陶匠采用混合制作工艺。他们用模具制作雕像的躯干，而雕像头部则由手工完成。陶艺匠人非常注重细节的刻画。

末端　手和脚的末端是雕像最不显眼的部位，陶匠也并没有对此进行着重刻画。但是，他们对雕像的头发和头饰精雕细琢。

主题和制作方法

　　吉安娜岛的雕像是一种反映古典期玛雅服饰特征和各行各业形态的特殊文献资料。650年以前的雕像都是由陶匠手工制作的实心雕像，而在此之后，玛雅人开始用模具制作空心雕像。

❖ 玛雅女性的雕像。雕像的高度通常在20厘米至30厘米之间。

颜色　雕像的主要颜色是经典的赤陶色。不过，雕像的细节之处，例如花边、项链、手镯和头饰也涂有其他颜色，其中以蓝色为主。

文化遗产

文化遗产

艺术家和科学家

玛雅文明因其非凡的技艺而闻名于世。最重要的是，玛雅的工艺杰作在经过岁月长河的洗礼后依然流传了下来。葬礼纪念碑、城市住宅、王宫，以及大规模兴建的举世闻名的庙宇金字塔、独特的雕塑、象形文字和陶器，它们都是玛雅文明最突出的艺术表现形式。

此外，玛雅人在科学方面也取得了杰出的成就，尤其是在数学和天文学领域，这促使他们创造出了极其精准的历法。

建筑

玛雅建筑的显著特点之一是大型建筑均建在适合天文观测的地方。此外，与其他文明相同，玛雅人也通常将城市建在河流、森林、山谷和热带雨林附近，以便获取他们赖以生存的重要的自然资源。

建筑工艺方面，大型玛雅建筑的地基为宽阔的长方形平台，地基上坐落着金字塔和宫殿。此外，大型建筑还设有供人通行的通道，而在其中心区域，建有规模较大的圆形广场。政府建筑、宫殿或庙宇附近通常还建有球场。

玛雅城市依据玛雅世界观设计建造，城市中心坐落着宗教建筑（如庙宇），其他建筑则依照社会阶层自城市中心向郊区依次排开，如此一来，农民的住宅就位于城市

的郊区。

考古遗迹和大型建筑的废墟使我们得以详细了解玛雅建筑。玛雅建筑与其宗教相呼应的一点是建筑高度，平均高度为40米至50米，这代表着玛雅人更愿意接近他们信奉的神灵和研究的天体。

宽阔的阶梯从建筑底部平台通向顶部，那里往往坐落着用于宗教祭祀的神庙。

庙宇和宫殿的墙体非常厚重，移动或安置墙体需要耗费大量人力，墙体上都饰有雕刻或灰泥粉饰的浮雕。

玛雅文明存在的时间之久、覆盖的地域之广使其建筑在不同时期和地区呈现出不同的风格。其中，科潘和圣安德烈斯地区的建筑尤为突出，墙体宽厚，外墙由石头和灰泥铸造；而其他地区的建筑也同样风格鲜明，如中央佩滕地区的倾斜金字塔、蒂卡尔古城的两层宫殿、帕伦克古城内设有大房间的建筑、贝坎和奇卡纳地区的平行塔和过于陡峭而无法攀登的阶梯，以及奇琴伊察地区带柱廊庭院的金字塔等。

瓦夏克通的天文观测台、帕伦克的庙宇，以及埃尔·米拉多尔、蒂卡尔、奇琴伊察和乌斯马尔地区的各种建筑和庙宇都是玛雅风格的代表作，他们的建筑工艺与宏伟瑰丽至今仍令人赞叹。

❖ **艺术** 陶器艺术高度还原了中美洲社会的情况。左图是一个带盖的四足陶罐，该陶罐可以追溯到公元250—600年。

❖ **魔法师金字塔**　历史可追溯到 6 世纪，它是最能体现玛雅人与天文观测之间密切关系的建筑之一。

陶器

　　陶器的用途十分广泛，多数陶器可用于日常生活，例如杯子、盘子和各种器皿，有的陶器用于宗教活动，玛雅的宗教活动需要大量的祭祀物品。

　　陶器上通常绘有装饰图案，以动物形象和几何图形为主。

　　日常生活场景和统治阶级（尤其是贵族、军事首领和祭司）的职能是陶器装饰中经常出现的主题。

大型城市综合体

❖❖❖

　　大型城市或许是玛雅文明在政治、经济和文化领域取得杰出成就的最直观体现。作为城邦的行政管理中心和宗教权力中心，大城市的坐向和布局都经过反复测量和推敲。主要的建筑始终占据城市的地理中心，玛雅人根据天文观测的结果在那里建造了宏伟的庙宇和宫殿。

　　金字塔、球场、广场和贵族住宅整齐地向城市外围扩展，这是玛雅社会等级分化的例证。

　　有些玛雅城市的居民人数与欧洲主要首都的居民人数一样多，尤其是前古典期的埃尔·米拉多尔、古典期的蒂卡尔，以及玛雅文明发展后期的奇琴伊察和乌斯马尔。

❖ **纪念牌**　具有重要价值的史料，它让世人得以了解玛雅统治王朝的更迭。左图是位于今天危地马拉基里瓜遗址的纪念碑，上面记载了当地一位统治者的相关内容。

❖ **浮雕**　玛雅艺术的一种表现形式，它被广泛用于装饰神庙和宫殿的外墙。右图是在今洪都拉斯科潘遗址发现的浮雕。

　　玛雅陶器的特点是器壁较薄、表面磨制光亮且色彩多样，有时装饰图案还会呈现水彩效果。

　　玛雅陶器由露天烧制而成，烧制时的温度可以达到800摄氏度。

　　玛雅人不仅是陶艺大师，更是雕刻方面的专家。和中美洲大多数文明一样，玛雅人拥有卓越的石雕技艺，他们制作的雕像尺寸各异，大小不一。

　　玛雅雕刻作品通常与宗教和礼仪有关，神灵及其相关衍生物的形象（如格查尔鸟和蛇）在玛雅雕刻作品中极为常见。

文学与音乐

　　玛雅人使用象形文字系统书写，他们的象形文字系统将语音符号和表意符号相结合。但不幸的是，西班牙人的征服战争和殖民运动摧毁了玛雅文明的原始宝贵财富，数百本玛雅书籍被烧毁。在尤卡坦半岛发现的玛雅古文献均于1562年7月被传教士迪亚哥·德·兰达（Diego de Landa）下令销毁。人们发现的长方形石膏块被认为是玛雅原始书籍的遗迹。

　　玛雅文明珍贵的宝藏大多消失了，只有三本书和数页四开大的纸张免于焚毁，并且经过漫长的岁月流传了下来，如今它们被称为玛雅古抄本。

　　玛雅古抄本是西班牙战争发生之前所写的书籍，揭示了玛雅文明的部分特征。古抄本用玛雅象形文字撰写，

❖ **一号神庙**　又称"大美洲豹神庙"，是今危地马拉境内蒂卡尔考古中心最重要玛雅遗迹之一。

博南帕克壁画

◆◆◆

玛雅人擅长壁画艺术，在博南帕克发现的壁画是他们留给后世最珍贵的艺术遗产之一，而"博南帕克"这个名字在玛雅语中的意思正是"彩绘的墙壁"。1946年，博南帕克城于拉坎哈河谷被发现，城中有一座由三个房间组成的神庙，房间内均装饰有玛雅壁画。

博南帕克壁画都具有历史特征。第一个房间中的壁画描绘了战士远征前举行的仪式，君王是壁画中的主要人物，他周围围绕着宫廷成员和女性，其中，大多数人都穿戴着贵族阶层专用的服装和头饰。壁画还展现了舞蹈和音乐表演的场景。

第二个房间的壁画直接呈现了战争胜利的场景，画面中包括众多全副武装的战士、敌军以及俘虏。第三个房间的壁画讲述了战争胜利后的庆祝活动，玛雅人通过在祭祀仪式上将俘虏献给神灵来庆祝战争的胜利。

博南帕克的壁画绘制于公元776年，壁画中提及的博南帕克的统治者昌恩·穆安(Chaan Muan)于同年加冕。

以其最后存放的城市来命名。

目前尚存的玛雅古抄本是《德累斯顿古抄本》《马德里古抄本》《巴黎古抄本》，以及唯一一个在墨西哥发现的《格罗利尔古抄本》。之后，玛雅人还分别用尤卡坦玛雅语、基切语和卡奇克尔语（喀克其奎语）撰写了《契兰·巴兰书》《波波尔·乌》，以及《卡奇克尔年鉴》，但这些玛雅古籍均使用西班牙殖民者引入的拉丁字母撰写。

❖ **建筑** 玛雅人是杰出的建筑师，他们非常擅长处理加工巨石。下图是位于今墨西哥的图卢姆遗址。

玛雅古籍中最著名的无疑是《波波尔·乌》。《波波尔·乌》在基切语中拼写为"Popol Vuh"或"Popol Wuj"，意为"议会之书"或"人民之书"，是玛雅文明中基切王国的神话传说汇编，基切王国位于今危地马拉的南部地区。《波波尔·乌》不仅在历史层面具有重要意义，而且在宗教层面也拥有重要价值。

《波波尔·乌》试图以某种方式解释或讲述世界和文明的起源，以及自然界中的各种现象。

《契兰·巴兰书》编撰于西班牙征服战争之后，它收录了历史、医学、宇宙学、天文学，与编年学相关的文稿，以及其他未分类的玛雅文稿。

音乐方面，玛雅人的乐器主要以哨子、笛子和螺号等管乐器，以及木琴、龟壳和内部装有种子的空心木棍等打击乐器为主。就目前所知，尚未有关于玛雅人使用弦乐器的记载。

科学

与中美洲其他文明一样，玛雅人在科学方面，尤其是在数学运算和天文学领域取得了巨大成就。数学运算方面，玛雅人采用二十进制、以"5"为辅助基数进行运算，直到公元前36年左右，才出现玛雅人使用数字零的文献记载。

玛雅人有三个基础的数字符号，分别是：代表1的一个"点"、代表5的一个"横"和代表零的贝形符号。由此，数字5是一条横线，在横线之上添加不同数量的点则可以表示数字6到9。数字10通过两条横线来表示，以此类推。玛雅人对月球和天体运动的追踪充分证明他们掌握了丰富的数学知识。

玛雅人准确地测量出一个太阳年的周期是365天，让人为之惊叹。有学者提出，玛雅人测量出的结果比当时欧洲人的测量结果更为精确。

玛雅人同时采用三套不同类型的历法体系，分别是：以260天为一年的神历，又称卓尔金历；以365天为一年的民用年历，又称哈布历；以及以144 000天为一个伯克盾（长纪年历的时间单位）的长纪年历，即20年为一个周期，一个伯克盾涵盖了20个周期。玛雅人将卓尔金历与哈布历相结合同步循环，形成了以52个哈布年为周期的历法循环。卓尔金历与哈布历分别包括由13天和20天组成的小周期。

以1 872 000天为一个轮回的长纪年历用于记录从玛雅神话开始到后续发生的所有重大事件的日期。

绘画

玛雅人主要发展壁画工艺，但其壁画普遍缺乏透视规律。

玛雅人会将壁画涂上鲜艳的颜色，通常以红色和蓝色为主色调。

玛雅壁画主要以展现宫廷生活和祭祀仪式为主，其中还描绘了人祭的场景。

玛雅壁画描绘了统治贵族、祭司与战士阶层，甚至还涵盖农民和奴隶阶层，展现出完整的玛雅社会等级制度。

此外，玛雅人在部分建筑的内外墙上都留下了画作。

石雕艺术

玛雅雕刻艺术与其文明一样历史悠久，并且伴随着玛雅文明的发展。

玛雅雕刻工匠的能力非常出众，他们擅长制作大小不一的雕像。此外，他们还制作了许多浮雕和纪念碑，其中，基里瓜的浮雕和纪念碑规模最大。

雕刻所需的材料包括石灰石、灰泥和粘黏剂，粘黏剂是指用石粉、贝壳碎片和植物元素制成的糊状物。雕刻作品完成后，玛雅人会将其涂上各种色彩。

玛雅雕刻作品以刻画宗教重要人物为中心，通过刻画神灵或其象征物予以体现。因此，神灵雕像和与其相关的动物雕像是玛雅雕刻艺术的特色。人物雕像也是玛雅雕刻艺术中经常出现的主题之一，其中帕伦克和科潘浮雕上的人物因生动逼真的细节刻画而闻名。纪念碑则体现了玛雅文明辉煌的历史脉络和宏伟的宗教世界观，通常会为世人解读玛雅社会进程提供关键信息，其周围往往伴随着丧葬或祭祀仪式用的陶器。

❖ **象形文字** 作为书写符号通常雕刻在浮雕之上，正如帕伦克宫殿墙上的象形文字一样。

玛雅象形文字

　　玛雅人用象形文字进行书写，象形文字是一种雕刻或绘画的符号，它传递明确的含义并可与其他符号组合表示其他的含义。从这个意义上来说，玛雅象形文字包含大量象征性的内容，它与埃及象形文字有着相似之处，尽管这两种文明之间从未有过任何交集。在玛雅古典期，象形文字的使用尤为广泛，目前，在建筑、石碑、陶器和古抄本上收集到的铭文共有 10 000 多件。◆

科潘的象形文字阶梯　科潘的象形文字阶梯是玛雅象形文字最长的铭刻：刻有2000多个玛雅象形文字。象形文字阶梯宽10米，共72级台阶，通往26号神庙。

"美洲豹"的五种书写形式

　　如上图所示的象形文字，其中戴着头饰的战士所持的豹头在玛雅语中仅有一个含义：巴兰，即美洲豹。如果豹头还伴有其他补充图形，即所谓的语素文本，则"巴兰"一词的音节也要随之延长或缩短。豹头甚至可以用两个等积的图形来代替。

❖ 从美洲豹原始象形文字到其变体中所使用的语素文本。

莱登雕板

　　莱登雕板是一块由玉石雕刻的薄板，也被称为"囚徒之辱雕板"，其历史可追溯到公元 320 年，在蒂卡尔的巴里奥斯港被发现。雕板上的象形文字记录了囚徒的姓名、出身和被捕日期。

权力的象征符号　获胜的君王佩戴着刻有猫科动物、小丑神和蛇的头饰。

腰带　腰带上挂着头形的铃铛作为装饰。

脚踝　人物所穿的鞋佩有鞋带，鞋带系成的结用作装饰。

脚下　囚徒躺在地上，赤身裸体，四肢骨折。

罗萨里拉神庙的考古价值

　　1989 年，罗萨里拉神庙于今洪都拉斯科潘镇中最高的建筑——科潘 16 号金字塔内被发现。它是该地区唯一保存完好的玛雅神庙，其四层楼高的外墙上刻有许多象形文字。罗萨里拉神庙的考古价值巨大，考古学家将其视为解读石刻上玛雅语的关键。

代表太阳神的象形文字　神庙的正面刻有处在烈焰之中的太阳神。

代表建立者的象形文字　神庙的底部刻有代表科潘古城的建立者——亚克库毛的象形文字。

玛雅文字的语音对照

玛雅文字再现了玛雅所有的语音要素，包括各种辅音和元音。玛雅文字译成西班牙文字需要两个对照系统：音节表和字母表。音节表囊括了目前已知的所有象形文字符号，而迪亚哥·德·兰达发明的字母表是研究玛雅文字的重要工具。

❖ 迪亚哥·德·兰达发明的玛雅字母表。迪亚哥·德·兰达，1524年出生于西班牙的瓜达拉哈拉，于1579年在尤卡坦地区的梅里达去世。

1 **象征学** 人物的思想、历史的相关记载，以及宗教信仰均被雕刻在人物的头上。

2 **面对面** 两个人面对面的图案在玛雅象形文字中最为常见，它体现了继承、血统或世系。

3 **屈服** 对权力的强调解释了为何大多数场景均以或是无助，或是疲惫，抑或是处于垂死状态的人物结束。

4 **传统** 装饰着战蛇与格查尔鸟羽毛的头饰源自特奥蒂瓦坎人世代相传的传统。

5 **王权** 门楣上的中心人物是玛雅潘的一位统治者，他出身于可可米斯部落，是奇琴伊察统治者亨纳克·塞尔（Hunac Ceel）的后裔。

6 **高傲** 俯视象征着凌驾于战败士兵、囚徒或即将用于献祭的献祭者之上的力量和胜利。

有关研究玛雅象形文字最早的新闻

戴世黑·夏赫内
　　1859年，他发表了首批玛雅废墟的照片，其中包括了玛雅象形文字。他借由《新大陆的古城》深入研究了玛雅文明。

阿尔弗雷德·莫斯莱
　　作为研究人员，他用照片记录了大部分玛雅神庙，为玛雅文字的解读提供了便利。其著作被收录在《中美洲生物学》中。

特奥伯托·马勒
　　对玛雅文明进行了广泛研究，并为进一步研究编制了宝贵的目录——象形文字、石碑等，其作品收录于《尤卡坦半岛收藏集》。

博南帕克壁画

　　玛雅人富有创造力，注重细节，并且具有强烈的色彩意识，他们在壁画、墓室和装饰画中重现了其历史和文化发展的重要里程碑。博南帕克壁画是玛雅艺术的非凡展现，经久不衰。◆

玛雅文明中最著名的壁画细节

博南帕克壁画

　　博南帕克壁画在博南帕克古城的 1 号神庙内，古城位于今墨西哥恰帕斯州拉坎哈河旁。壁画绘制于 8 世纪，为纪念博南帕克的君王昌恩·穆安任命其王位继承人，当时的庆祝活动于 790 年 12 月开始，792年 8 月结束，前后持续了 20 个月。

人物　壁画家刻画的人物包括君王、王位继承人、贵族、祭司、官员和战士，以及其他受王室邀请或为庆祝活动而来的人。

王室庆典

　　在任命王位继承人的庆典上，乐师们用木鼓、喇叭、笛子、哨子、龟壳、拨浪鼓等乐器进行演奏祝福。此外，还有朝臣和祭司的游行队伍，他们身着最好的服饰，表演着玛雅传统舞蹈。

◆北面壁画下方的细节。

王室服饰 华丽夺目，无论君王佩戴的羽毛头饰，还是玉制胸饰。王室服饰原本的颜色均已失去了光泽，但仍保留着原色调。

庆典 参与庆典的人物众多，他们生动形象地反映了庆祝活动的进程。壁画的其他部分还绘有即将被献祭的玛雅奴隶。

杯子上和陵墓中的画作

虽然博南帕克古城内的壁画是已知的最著名的玛雅画作，但在帕伦克、科潘和奇琴伊察也保存着壁画的碎片。壁画轮廓通常都是在米色或橙色背景上用黑色勾勒而成，壁画主题均具有历史性、纪念性和宗教性。玛雅人还在陵墓墙壁上作画，例如他们在蒂卡尔的陵墓墙壁上绘制神灵或祖先的形象图案。

❖ 玛雅人是技艺精湛的陶匠，他们制作的罐子、盘子、碗和杯子（如左图）的表面均绘有图案。

献祭

博南帕克壁画展示的玛雅仪式令人极为震撼，其中，最引人注目的是由王室全权执行的献祭仪式。从壁画中可以看到，君王坐在平台之上，用一串荆棘割伤自己的舌头，然后把血收集在树皮里，以此完成对羽蛇的供奉和召唤。

❖ 君王在其直系亲属的簇拥下，正在执行献祭仪式。

考古遗址：
从山谷到尤卡坦半岛

　　玛雅文明的覆盖范围使其主要考古遗址形成了一定的地理布局，其中，乌斯马尔、帕伦克、奇琴伊察、科马尔卡尔科和图卢姆等中心的建筑和文化表现形式丰富多样，尤为引人注目。◆

帕伦克因其山坡上的诸多非凡建筑成为独特的玛雅遗迹。帕伦克遗迹中最重要的建筑是碑铭神庙。上图是在帕伦克遗迹中发现的太阳神头部石雕。

修女四合院全景图

乌斯马尔

　　乌斯马尔是最重要的玛雅古典期遗迹。在乌斯马尔遗迹中，普克风格的建筑因其独具匠心的几何设计而颇为瞩目。其中，备受瞩目的是修女四合院、总督府和椭圆形的魔法师金字塔。在乌斯马尔遗迹中，数量最多的装饰是总督府11扇大门上的雨神恰克面具和修女四合院中的羽蛇图案。

科马尔卡尔科

　　科马尔卡尔科遗址包括三个建筑群：北广场、大卫城和东卫城，其中东卫城尚未挖掘。由于当地缺乏丰富的石料，玛雅人不得不用沙子、黏土和牡蛎壳制成的砖建造当地建筑。

◆科马尔卡尔科遗址中大卫城的全景图，该遗址位于今塔巴斯科州的琼塔尔帕地区。

奇琴伊察

奇琴伊察位于尤卡坦半岛，梅里达的东南部，是主要的玛雅考古遗迹之一，在奇琴伊察遗迹中发现了托尔特克文明对玛雅文明产生的影响。遗迹中最出名的建筑是库库尔坎金字塔和天文台（又称"蜗牛"），这两座建筑均与天文观测有关。此外还有武士神庙、美洲豹神庙和球场。

❖ 球场的局部景观图，它是当时整个中美洲最重要的球场。

羽蛇浮雕 修女四合院西侧门楣上的羽蛇浮雕栩栩如生，细节处理堪称完美（如上图，羽蛇浮雕在几何图形间蜿蜒前行）。

建筑群 乌斯马尔建筑群占地约1平方千米，人们普遍认为它的建筑是按照天文学知识排列布局的。

图卢姆

图卢姆遗址是"降神"的祭祀中心，其名字来自周围的城墙。虽然在图卢姆遗址发现的碑文可追溯到 564 年，但其大部分建筑建于后古典期，即 1200 年至 1450 年之间。在图卢姆遗址中，最有名的建筑是刻有羽蛇图案的平顶神庙。

❖ 图卢姆遗址位于加勒比海沿岸的海岬上，是重要的旅游景点。

中美洲的玛雅人

玛雅文明分布于今洪都拉斯、萨尔瓦多、尼加拉瓜、伯利兹和危地马拉境内，它促进了当时蒂卡尔、科潘和赛巴尔等大型仪式中心和城市中心的发展。大型阶梯式金字塔、神庙、宫殿和诸多石碑是玛雅文明留下的非凡遗产。◆

基里瓜 基里瓜曾是玛雅的首都，位于莫塔瓜河流域，在6世纪到9世纪发展至顶峰。在基里瓜遗迹中，除了诸多建筑、庙宇和球场，最著名的就是E号石碑，它是玛雅人雕刻的最大的石碑，其尺寸规模为：高10.6米，宽1.5米，厚1.27米。

蒂卡尔的中心广场

蒂卡尔

位于加勒比海岸附近，今危地马拉佩滕省热带雨林的中心地带，占地面积约为60平方千米。蒂卡尔在8世纪至9世纪达到发展鼎盛期。它的遗迹包括6座大型庙宇金字塔、王宫和众多小型金字塔。1979年，蒂卡尔成为首批被宣布为世界文化遗产的考古遗址。

科潘

科潘遗迹位于今洪都拉斯西部，距离危地马拉边境14千米，是珍贵的玛雅文明宝库之一。事实上，科潘遗迹拥有玛雅象形文字最长的铭刻，约2500个象形文字。据信，在全盛期，科潘古城分布在长约13千米、宽约3千米的河谷内。1839年，约翰·劳埃德·斯蒂芬斯 (John Lloyd Stephens) 以50美元购得此地，约一个世纪以后人们才开始修复科潘遗址。

❖科潘遗迹是拥有宫殿、石碑和雕塑数量最多的玛雅文明遗址。1980年，联合国教科文组织宣布科潘为世界考古遗址。

塔苏莫

人们在今萨尔瓦多的雨林地区发现了塔苏莫考古遗迹，这也是萨尔瓦多最重要的考古遗迹。考古人员在塔苏莫遗迹中发现了大量陵墓，其中仍保存着陪葬的饰品、珠宝和器皿。遗迹中的塔苏莫石碑高2.65米，宽1.16米，上面刻有疑似玛雅贵族的人物图案。

❖ 塔苏莫遗迹中的长方形平台上矗立着一座20多米高的四角金字塔。

建筑 蒂卡尔遗迹的建筑大多都带有宗教色彩，这表明蒂卡尔曾是重要的仪式中心。但是，蒂卡尔也是大量郊区人口的聚集地，据专家估计，这里曾容纳了数千人口。

月亮神庙 蒂卡尔的月亮神庙，又称"2号神庙"或"面具神庙"，坐落于大广场的西侧。月亮神庙高50米，阿赫卡王（Hasaw Kan Kawil）妻子的陵墓位于神庙内部。

赛巴尔 赛巴尔遗迹位于今危地马拉佩滕省南部的帕西翁河畔，是非常重要的玛雅仪式中心。赛巴尔遗址中包含30多块石碑（如左图）、22个祭坛、2个球场和1个圆形天文台，该天文台是玛雅同类型建筑中最古老的建筑。

苏南图尼奇

苏南图尼奇遗址位于伯利兹的一座小山顶上，由占地面积超过3平方千米的玛雅遗迹组成。遗址中建有40米高的卡斯蒂略金字塔、A-2号广场、A-3号广场和一些纪念性石碑。

❖ 苏南图尼奇是玛雅古典期重要的仪式中心，上图为其遗址局部景观图。

现代玛雅人

现代玛雅人的人口数量在 400 万至 500 万之间，讲着约 30 种土著语言，民族众多。其中包括墨西哥恰帕斯州的拉坎东族、索盖族、佐奇莱斯族和泽塔族，塔巴斯科州的琼塔尔族，都是较著名的玛雅民族。尽管历经了 500 多年的同化，玛雅人还是成功保留了他们的原始传统，这一点可以从他们的服饰、食物、语言和信仰中反映出来。◆

现代玛雅集市

玛雅集市

玛雅集市是玛雅社会非常重要的一部分。在集市上可以清楚地分辨不同族群的服饰，服饰通常以鲜艳的颜色为主，包括男性所用的手工刺绣披风、女性的长裙、腰带和上衣。

里戈韦塔·门楚

里戈韦塔·门楚是一位危地马拉土著女性，属玛雅基切族。里戈韦塔一直为和平与承认原住民的权利不懈努力，并因此获得了 1992 年诺贝尔和平奖。她在各种国际论坛上多次呼吁，谴责自殖民者的到来对原住民进行的一系列迫害。而非战主义、非军事化、社会正义和女性平等是她最深切的要求。

◆里戈韦塔·门楚被任命为联合国教科文组织的亲善大使，此外，她还在危地马拉成立了一个土著政党。

宗教

　　现代玛雅人将天主教传统与古代仪式相结合，其中不乏将活体动物供奉给基督教的神灵。现代玛雅人将其原始神灵与耶稣和圣母玛利亚联系在一起，由此，宗教的融合形成了最明显的独特性。

❖ 玛雅人的宗教庆祝活动通常伴随着集体游行、烛光集会和舞蹈表演。

传统　玛雅人的饮食传统一直未变，集市往往是向游客提供菜豆、辣椒，以及其他农作物、水果和香料的地方。

住宅

　　住宅作为一种玛雅传统遗产，始终未受到玛雅原住民社会情况明显恶化的影响。在中美洲的大部分地区，现代玛雅人的住宅与其祖先的住宅非常相似，墙体都是用藤条和土坯砌成，屋顶用茅草搭建。

❖ 在尤卡坦半岛，搭有茅草屋顶的椭圆形住宅（如上图）十分常见。

博物馆中的
玛雅文化

　　由于墨西哥、洪都拉斯、萨尔瓦多、伯利兹和危地马拉的博物馆收藏了大量玛雅作品玛雅文明的遗产得以保存下来石碑雕塑面具、杯皿、陶器和众多的墓葬铭文成为被修复并展出的杰作。◆

对玛雅人来说，死亡是另一种存在形式，他们带着对宗教的敬畏接受了死亡。上图为蒂卡尔博物馆展出的绘有独特玛雅图案的陶罐。

圣球运动　圣球运动在玛雅仪式中具有重要意义，在玛雅壁画、纪念碑和陶器作品（如下图）中也都有所体现。

墨西哥国立人类学博物馆

　　墨西哥国立人类学博物馆于 1964 年建成开放，室内建筑面积 4.4 万平方米，室外建筑面积 3.57 万平方米。国立人类学博物馆的众多展厅中有一个玛雅文明的特设厅。此外，博物馆里还展示了一些模型和场景复原图，如特拉特洛尔科市场，这使人们可以更好地了解玛雅文明。上图为博物馆的正门。

❖ 作为尤卡坦地区辉煌的玛雅文明的象征，美洲豹神"查克莫"是墨西哥国立人类学博物馆的重要文物之一，上图为博物馆展厅内的查克莫雕像。

科潘博物馆

科潘博物馆于 1939 年建成开放，与科潘考古遗址公园和雕塑博物馆共同构成了玛雅文明最重要的文献来源。事实上，科潘博物馆收藏着从科潘考古中心抢救并修复的文物，包括诸多石碑。

❖ 科潘博物馆中展出的鸟吞鱼混合雕塑。

博物馆修复并展出的32号石碑

蒂卡尔考古博物馆

蒂卡尔考古博物馆展出了在蒂卡尔遗址中发掘的文物，它是玛雅文明的重要宝库之一，位于危地马拉的雨林地区。在展出的文物中，最引人注目的是蒂卡尔当地贵族的随葬陶器和石碑，包括位于蒂卡尔北卫城的 32 号石碑，上面刻有一个佩戴着头饰的玛雅战士。博物馆还展示了 116 号陵墓的复原模型，该陵墓发现于 1 号神庙（又称"大美洲豹神庙"）。

❖ 下图为蒂卡尔遗址内的庙宇金字塔复原模型。

国家考古和民族学博物馆

国家考古和民族学博物馆内设有 10 个专门展示中美洲文化的展厅。其中，第一个展厅主要展示中美洲人口的相关记录，随后的几个主题展厅则展示了前哥伦布时期各个部落使用的技术及其生产的产品。最后几个展厅按照前古典期、古典期和后古典期的时间顺序分阶段地展示了玛雅文明的发展历程。

❖ 上图为40号石碑；下图为博物馆内展出的两个人像之一。

纪年表

　　玛雅文明诞生于中美洲地区中心，它的兴起、发展和消亡也意味着该地区其他民族的出现、繁荣和衰落，这些民族或诞生于玛雅文明之前，或与玛雅人就地区政治主导权展开过斗争。从这个角度看，在被西班牙殖民者征服之前，玛雅文明历经了三个阶段，每个阶段都具有鲜明的特征。玛雅文明演变的特点是将受到的各种不同影响转化成自身的文化特征，这一点在公元250年至900年期间达到鼎盛期的玛雅城邦中有所体现。

从前古典期到
250—300

　　前古典期是中美洲大部分部落的定居期，也是玛雅文明的形成期。这一时期的特点是人口增长，农业因新技术的发明得到一定的发展。玛雅人在低地建立了首批仪式中心。

前3114
玛雅历法的初始日期，即前3114年8月13日。

前1400
玛雅人修建了已知的最古老的圣球运动球场，该球场位于今墨西哥恰帕斯州的帕索德拉阿玛达。

前600
建造阿尔班山古城（今瓦哈卡州）和黑山古城。

前250
蒂卡尔古城中的北卫城开始修建。

前100—150
特奥蒂瓦坎成为一座具有城市规模的圣城。太阳金字塔和黄泉大道修建于这一时期。

古典期
250—900

　　在此期间，由强有力的国王所统治的城邦逐渐兴起。在仪式中心附近建造的艺术、科学和城市中心取得了空前发展。

◆ **宗教** 玛雅人将其信奉的主要神灵制成小型陶俑。左图是庄稼丰收之神、舞蹈和音乐之神——索奇皮利（Xochipilli，意为"花王子"）的陶俑。

292
蒂卡尔29号石碑修建，它是已知的最古老的玛雅文献记载。

426
在君王亚克库毛的统治下，科潘古城内修建了首批宗教仪式建筑。

600—800
修建博南帕克建筑群。

600—998
奇琴伊察古城达到发展的鼎盛期。

610—799
帕伦克文明发展至最为辉煌的时期。

647
在君王巴加尔的统治下，帕伦克建造了遗忘神庙。

692
建造帕伦克古城中的太阳神庙。

695—799
帕伦克古城取得最大发展的时期。

726
雅什齐兰的君王盾豹王（ESCUDO JAGUAR）下令为其王后造克夫人（XOC）建造23号神庙。

734
蒂卡尔的君王阿卡高王（AH CACAU）葬于1号神庙之下。

736
科潘成为玛雅的一个科学中心。

738
在十八兔王的统治下，科潘古城内的大球场竣工。

750
蒂卡尔城内的碑铭神庙（即6号神庙）建成。4号神庙建造完工，神庙高70米，是蒂卡尔城中最高的神庙。

775
在君王雅什帕萨的统治下，科潘古城内建造了Q号祭坛。Q号祭坛上刻画了由亚克库毛建立的科潘王朝中十六位君王的雕像。

历史文化遗产
令人震撼的奇琴伊察

　　奇琴伊察位于尤卡坦半岛，是玛雅人的主要定居点之一，于后古典期达到发展的全盛期。奇琴伊察古城展现了非凡而辉煌的成就，其华丽之处体现在城中矗立的众多奢华建筑上，如武士神庙、天文台、天坑和圣球运动的球场。1988年，联合国教科文组织将奇琴伊察列为世界遗产，2007年7月7日，奇琴伊察被评为世界新七大奇迹之一，但此次评选源于私人倡议，并未得到联合国教科文组织的支持。左图为武士神庙遗迹全景。

800—1000
普克风格在尤卡坦地区盛行。

850
玛雅人开始在泽比查尔顿古城长期定居。

900
奇琴伊察古城中修建了蜗牛神庙，它既是朝拜风神的仪式中心，又是天文观测台。同一时期，玛雅人还修建了霍奇卡尔科地区的羽蛇神金字塔。900年左右，特奥蒂瓦坎古城被完全遗弃。

后古典期
　　即玛雅文明在取得最大的发展之后，因内部冲突以及与西班牙征服者的对抗而毁灭的时期。后古典期又分为两个子时期：早期和晚期。

后古典期早期

900—1250
整个中美洲发生大动荡和剧烈冲突的时期。阿兹特克人在与玛雅人的交锋中占据了上风。

918
伊察人征服了奇琴。

950
伊察人统治了远至巴卡拉尔和切图马尔的东部地区。

1000
奇琴伊察人和玛雅潘的可可米斯人结盟。

1194
奇琴伊察人和可可米斯人组成的玛雅潘联盟解体，这标志着奇琴伊察开始衰落，奇琴伊察后续还经历了掠夺和火灾。

1230
编撰《格罗利尔古抄本》。

后古典期晚期

1250—1521
在此期间，奇琴伊察的霸权地位被玛雅潘所取代，玛雅人内部势力日渐衰落。

1441
玛雅潘至高无上的地位走到了尽头。修家族发动起义，摧毁了玛雅潘城。

1450
编撰《巴黎古抄本》。

1450—1500
玛雅人绘制了图卢姆城内的众多壁画。

1502
玛雅人与西班牙人在洪都拉斯海湾首次接触。

1519
西班牙征服者与阿兹特克人首次相遇。

1520
阿兹特克君王蒙特祖马二世（MOCTEZUMA II）逝世。

1524
西班牙人与喀克其奎城和伊西姆切切结盟。在乌塔特兰战役中，西班牙征服者击败了基切玛雅人。而当西班牙征服者佩德罗·德·阿尔瓦拉多（PEDRO DE AL-VARADO）抵达玛雅地区时，一些重要的玛雅城市相继沦陷。

1697
伊察的首都塔亚萨尔沦陷，这是玛雅人抵抗西班牙人征服的最后据点。

❖ **亚特兰蒂斯**　玛雅人是杰出的雕刻家，他们制作了亚特兰蒂斯战士雕像并将其视为玛雅重要神庙的忠实守护者。

术语表

《波波尔·乌》

1550年至1555年期间用基切语撰写的玛雅文献，源自今天危地马拉境内的圣克鲁斯－德尔基切地区。《波波尔·乌》讲述了玛雅世界观中一个非常古老的神话。

《契兰·巴兰书》

收集了17世纪至18世纪玛雅文献的汇编，这些文献均于西班牙征服战争之后撰写。《契兰·巴兰书》中的文献是了解当地历史、宗教和科学知识的重要信息来源。

阿比尼奥·阿奇

撰写于西班牙人征服美洲之前的玛雅戏剧，其原名为"Xajooj Tun"，意思是"木鼓之舞"，指一种源自15世纪的鼓。

阿普切

暴毙和人祭之神，他长着一颗骷髅头，躯干上的肋骨和脊椎清晰可见。有时，阿普切的肌体上会有皮肉，但皮肉上布满黑圈，象征着腐烂。他的头上或颈上系着铃铛，以此作为装饰。阿普切常被描绘成用一只手上的火把点燃房屋，而用另一只手上的长矛刺杀敌人的形象。

阿兹特克人

在阿兹特克社会中享有特殊社会地位的人。他们使用格查尔鸟的羽毛制作礼服、饰品和各类徽章标志，以区别于其他社会阶层。

艾克·曲瓦

玛雅神话里的战神，他的下唇肥大下垂，全身被涂成黑色，常手持长矛。此外，艾克·曲瓦也被认为是商旅之神，每当以此身份出现时，他便由恶神变成了善神。作为商旅之神，他被描绘成一个背着一捆货物游走各地的商人。在其诸多形象中，艾克·曲瓦还是可可豆的守护神。

奥尔梅克

该词的原意是"橡胶地区的居民"。奥尔梅克是对中美洲最早出现的文明的称呼，奥尔梅克文明于公元前1500年左右出现在墨西哥湾地区，该文明创造了令人难忘的杰作，如金字塔和巨型石雕。奥尔梅克文明发明了圣球运动，之后玛雅人将其吸纳并形成自身的圣球运动。

奥坎

又名"阿金迈"，玛雅的高级祭司，也是万蛇之王。奥坎还是玛雅君王身边的最高顾问。

巴尔切

混有蜂蜜水的发酵饮料，玛雅人常借此饮料灌醉自己。巴尔切由蜂蜜、水和巴尔切树皮混合后发酵数天制作而成。

巴兰

"巴兰"在玛雅语中的字面意思是"美洲豹"，他是土地和庄稼的守护神，玛雅人会在播种前祭拜美洲豹神。巴兰姆阿卡布（Balam-Agab）意为"夜行虎"，是第二个用玉米创造的人，他娶琼依姆哈（Choimha）为妻，后者是专门为成为他妻子而被创造出来的人。巴兰姆阿卡布被描绘成一个身披蓝黑色美洲豹皮的男人。

巴塔布

玛雅次级城市中心的官员，负责管理司法和税收。

鼻饰

玛雅人常佩戴的首饰——鼻环。

博南帕克

位于今墨西哥恰帕斯州的玛雅考古遗址。在博南帕克古城的广场附近矗立着数座建筑，包括多个纪念碑。博南帕克遗址中最重要的遗产是神庙中的众多壁画。

菜豆

中美洲最重要的食物之一。玛雅人常食用一种名为"iib"的豆类，其籽呈红色、白色、紫色或杂色。

查克

雨神和农业之神，是玛雅万神殿中最重要的神灵之一。恰克的形象常被描绘成长着尖而长的鼻子，口中长出两颗凸露的獠牙。恰克在奇琴伊察古城备受尊崇。

查克莫

法国探险家勒普朗根（Le Plongeon）于19世纪创造的术语，指的是玛雅-托尔特克人制作的雕像，其腹部有一个用于存放祭品的石碗。查克莫雕像是一个仰卧的人像，双腿弯曲，躯干依靠肘部支撑。

查姆

玛雅人在河流和沿海地区用于运输的独木舟，尺寸各异。

衬裙

玛雅女性穿的收腰裙。

赤欧姆

类似兀鹫的猛禽。它与普通秃鹫相似，身长约60厘米，羽毛为黑色，头部无羽。

楚尔顿

小峡谷中的蓄水池，用于季节性灌溉（后被用来埋葬玛雅人遗体）。

吹箭筒

玛雅人用来捕鸟的工具。

蒂卡尔

玛雅古典期规模最大同时也最为重要的城市。蒂卡尔遗址位于今危地马拉佩滕省，它曾是玛雅的文化中心，人群经常聚集于此。在宗教性建筑、神庙和金字塔中举行宗教仪式。蒂卡尔在玛雅古典期达到发展的全盛期。

顿古尔

用空树干做成的平鼓。

浮雕

指附在物体表面的雕塑，雕塑图案高出背景且不完全与背景分离。浮雕可以分为高浮雕和浅浮雕。

格查尔鸟（绿咬鹃）

热带雨林地区的鸟类，其翠绿色的羽毛是玛雅达官贵人所用的象征性或仪式性装饰品的理想之选。

古抄本

屏风样式的玛雅文稿，用榕树皮和鹿皮制成，上面绘有表意文字、民族和氏族的历史、地界、供品和宗教仪式场景，但最重要的内容是对年鉴和命运的相关记载。在玛雅古抄本中，最重要的有：保存于德国德累斯顿萨克森州立图书馆的《德累斯顿古抄本》，它记录了玛雅神灵对日常生活的影响，以及玛雅历法和数字系统；保存于马德里美洲博物馆的《马德里古抄本》，它由两个独立部分组成，分别是《特罗亚诺古抄本》和《科尔特斯古抄本》（Códice Cortesano），这两部分于1888年重组。《马德里古抄本》记录了与占卜和星象表相关的内容；以及保存于墨西哥境内的《格罗利尔古抄本》，此抄本仅有11页的残页，上面绘有玛雅神灵和英雄。

古典期

对应250年至900年，是玛雅文明发展的鼎盛期，玛雅人在古典期兴建了大型城市中心、宗教中心和仪式中心，如科潘、帕伦克和蒂卡尔。

哈布历

一年为365天5小时48分46秒的民事历法。

哈拉奇·韦尼克

玛雅语中对统治者、首领、酋长或最高社会阶层的人的称呼。

后古典期

玛雅文明最后的发展时期，从11世纪持续到17世纪，最终，西班牙人于17世纪成功击溃了当地玛雅人的抵抗。

胡拉坎

掌管火、风和风暴的神灵，也是因先前人类让创世神失望而卷起暴风雨使人类灭绝的神灵。之后，胡拉坎参与了用玉米造人。他常被描绘成长着蛇尾、佩戴皇冠、手持冒烟火把的形象。

胡纳伯

玛雅人信奉的最高神灵，他拥有自己的心灵和思想，位于宇宙的中心。根据玛雅神话，胡纳伯创造了世界和人类，他曾三次创造世界，第一个世界的居住者是一群精灵；第二个世界的居住者是"侵略者"，一个黑暗而邪恶的种族；第三个世界的居住者是玛雅人。

灰浆

石灰、沙子和水的混合物，作为黏结石头、灰泥、地砖和其他建筑材料的砂浆。

灰泥

由白色粉末、亚麻籽油和胶制成的材料，用于装饰涂层，硬化后可在其上进行雕刻、绘画或镀金。

惠皮尔

宽大的棉质服饰，具有独特的地方特色。在一些城市，"惠皮尔"是一种高腰上衣，通常和裙子搭配；但在有的城市，它是一件自头部套穿的宽松长裙，裙上有供头部和胳膊穿过的洞。

霍尔·帕博

对玛雅小型村庄首领的称呼，其字面意思是"垫子上的人"。

霍坎武士

对玛雅战士的称呼。霍坎武士是雇佣兵，他们从直属上司处领取少量报酬，由其所在城市负责供养。

吉安娜岛的雕像

吉安娜岛上的特色小型雕像。

吉贝树

常见于美洲热带雨林地区的高大树木。玛雅人将吉贝树视为神树，根据玛雅神话，天空由位于世界四个方位的四棵吉贝树支撑，而在地球和宇宙的中心则矗立着吉贝树母株，它是宇宙的轴心，也是连接人间、天堂和冥界的桥梁。

基点

玛雅人认为，世界的四个基点是四位名为"恰克"的神灵代表，四位神灵所对应的颜色各不相同。东方的恰克名为恰克·希布·恰克（Chac Xib Chaac），意为"红色的人"，北方的名

为萨克·希布·恰克（Sac Xib Chaac），意为"白色的人"，西方的名为艾克·希布·恰克（Ek Xib Chacc），意为"黑色的人"，南方的名为坎·希布·恰克（Kan Xib Chacc），意为"黄色的人"。

纪念碑

具有纪念性的石块或石柱，上面雕刻或绘制着关于宗教仪式、信仰和神话故事的铭文、文字、标志、符号和数字。纪念碑的尺寸各异，部分纪念碑的体量非常大。

祭司"契兰"

属于祭司阶层第二等级的玛雅祭司，负责预言和解读神谕。此外，他们还担任医生一职。

祭司"恰克"

负责在玛雅年伊始点燃圣火的玛雅祭司，属于祭司阶层的第二等级。

阶梯式金字塔

作为礼仪和祭祀中心，是中美洲地区的特色建筑，它通常由一个金字塔体组成，塔顶矗立着一座或一组神庙，只有通过阶梯才能到达。阶梯式金字塔的墙壁和阶梯台阶上均雕刻着大量图案，尤为引人瞩目。神庙顶部是一个仪式祭坛，用于举行人祭。只有主持仪式的祭司和献祭者才可以登上台阶。

金刚鹦鹉

热带雨林地区的鸟类，其羽毛颜色非常鲜艳。玛雅

人认为，金刚鹦鹉是太阳神的象征物。事实上，太阳的玛雅名字之一就是烈火金刚鹦鹉。

君王

对每个玛雅城邦最高统治者的称呼。

卡布拉冈

齐巴纳（Zipacna）的弟弟，维科布·卡库伊科斯（Vucub Caquix）和齐玛尔马特（Chimalmat）的儿子，是玛雅的山神和地震之神。

卡马斯特利

狩猎、战争、希望和火之神。

科尔

在玛雅语中指的是玉米种植流程。玉米种植流程包括对种植土壤的准备工作，即雨季过后，砍伐耕作土地上的树木并将其完全晒干，最后将砍伐的树木和杂草烧掉作为土壤肥料。玛雅人使用一种名为"苏尔"（xul）的种植棒进行播种，这种种植棒很容易穿透土层，玉米和菜豆的种子则被置于种植棒的孔中。

科潘

极其重要的玛雅考古遗址，是玛雅的仪式中心，位于今洪都拉斯。科潘考古遗址中有上百座建筑，其中有一座雕刻着科潘16位统治者形象的祭坛。

科尤帕

玛雅闪电之神卡库尔哈的兄弟，是玛雅神话中的雷霆之神。

可可豆

一种原产于热带美洲的树木，其果实含有豆状种子，果实经发酵和烘焙之后可获得可可豆。在古代中美洲，可可豆的价值很高，有时还被当做货币。可可豆是在美洲被发现后才传入旧大陆的。

库库尔坎

玛雅语中对"羽蛇"的称呼，其中"kukul"是神圣的意思，"can"是蛇的意思。库库尔坎与阿兹特克人信奉的神灵魁札尔科亚特尔相对应，是最重要的玛雅神灵之一。

利纳赫

玉米种子的玛雅语叫法。玉米对古代玛雅人来说具有重要意义，因为玉米是玛雅人极其重要的仪式的核心。大部分玛雅神灵都是根据其与耕地肥沃的关系被定义为善神或恶神。玉米对玛雅人的重要性在于，在玛雅世界观中，人类是从玉米种子里诞生的。

玛雅潘

玛雅后古典期非常重要的城市，位于尤卡坦地区。在其发展的鼎盛期，玛雅潘的人口约为12 000人。玛雅潘由可可米斯人建立，也是玛雅潘联盟的政治中心。玛雅潘联盟将乌斯马尔和奇琴伊察的权贵联合在了一起。

美洲豹战士

托尔特克、玛雅-托尔特克和阿兹特克的战士，他们是墨西哥民族的精英。美洲豹战士团和雄鹰战士团的

成员都积极参加抓捕献祭者的行动。

纳康

祭司助手或祭司阶层第二等级的祭司，他们通常会参与到人祭仪式中。

纳瓦人

墨西哥的一个民族，其语言为纳瓦特尔语，托尔特克人和阿兹特克人（也被称为墨西卡人）均属于纳瓦族。

帕伦克

最重要的玛雅城市之一，位于今墨西哥恰帕斯州，在西班牙人入侵后被玛雅人遗弃。在帕伦克古城遗址的诸多建筑中，最重要的就是碑铭神庙。

佩滕

玛雅文明的主要核心地区之一，位于今天的危地马拉北部地区。

齐巴纳

齐巴纳是维科布·卡库伊科斯和齐玛尔马特的儿子，他与弟弟卡布拉冈均被视为恶魔。齐巴纳常被描绘成巨鳄，他与山脉的建立有关。

奇琴伊察

主要的玛雅考古遗址之一，位于墨西哥尤卡坦半岛梅里达东南部。在奇琴伊察遗址中，库库尔坎金字塔最为著名，它更广为人知的名字是卡斯蒂略金字塔。

恰赛斯

在人祭中负责协助高级祭司的四个祭司助手。

前古典期

前古典期标志着拥有3000多年历史的玛雅文明的出现。在前古典期，玛雅文明受到了其他文明（尤其是奥尔梅克文明）的影响，而首批大型玛雅城市（如埃兹纳古城）也兴建于这一时期。

人祭

与中美洲其他社会一样，玛雅人奉行人祭，并将此作为主要祭祀仪式之一。根据传说，众神创造人类是为了接受人类的崇拜和供奉，因此，玛雅人的祭祀带有深刻的宗教色彩。献祭者通常都经过长期的特别准备，有时甚至需要准备一年的时间，在这段时间里，他们被当成圣人照顾。同样，战俘也会被当作祭品献祭。

榕树

一种树木，在前哥伦布时期，人们在榕树皮上涂抹石灰以制作古抄本。

圣球运动

从奥尔梅克时代到阿兹特克时代，在前哥伦布文明中广泛流传的团队运动。圣球运动的流传范围覆盖了中美洲，即从萨尔瓦多到墨西哥北部的半沙漠地区。这是一项神圣的"运动"，需要用到一个厚重的、塞满橡胶的圣球。圣球运动具有很强的针对性，球员们不能用手和脚触碰球，他们只能用躯干和臀部击球。比赛通常在宽阔的场地上举行。

燧石

用来制作斧头、锤子或刀子的坚硬石头。

天坑

石灰岩上形成的天然孔洞，常被水填满。在奇琴伊察古城（位于今墨西哥），许多当地玛雅人将城中最大的天坑视为圣井，在西班牙人入侵前和殖民时期，玛雅人经常在此举行献祭。

图比尔斯

负责维护公共秩序的玛雅地方官员。

蜗牛

位于奇琴伊察遗址内的一座建筑的名字，该建筑有一个用于天文观测的拱顶房间，因其楼梯的形状而得名"蜗牛"。

乌纳普

伊克斯布兰卡（Ixbalan-qué）的孪生兄弟，神灵乌乌纳普（Hun–Hunahpú）和茜基可（Ixquic）的儿子。乌纳普和他的兄弟一起，仅带着风笛去与西瓦尔巴（即冥界）的领主对峙。乌纳普在对峙中战死，但随后被其兄弟复活。之后，两人均在球赛中被西瓦尔巴的领主杀死，不过两人再次复活并最终取得了胜利。

乌斯马尔

古典期的玛雅古城，位于今墨西哥梅里达的南部，其建筑规模和装饰呈现出一种眼花缭乱的美。

西瓦尔巴

玛雅人对冥界的称呼，玛雅人认为，冥界有九层，而最深的第九层居住着死神。不仅人类会去往冥界，太阳神每晚也会以美洲豹的形象穿越西瓦尔巴，战胜冥界的领主。去往西瓦尔巴要经过一条楼梯，楼梯的尽头是河岸，河流穿过峡谷和荆棘丛生的木丛。

夏曼·艾克

北极星神夏曼·艾克是一位善神，他被描绘成塌鼻子、头上有特殊的黑色斑纹形象。他也被认为是商贾之神，商人在旅行中受到北极星的指引。夏曼·艾克常与雨神相伴出现。

献祭

献祭是玛雅文明中一种常见习俗，人们在祭祀仪式上刺破自己的舌头、耳垂和性器官，将流出的血液敬献给神灵。祭祀仪式包括收集血液，并将血液滴到树皮纸上一起烧掉。玛雅人常用黄貂鱼的刺和尖锐的骨头等工具刺伤献祭者。

响尾蛇

响尾蛇代表着中美洲文明最重要的神灵——魁札尔科亚特尔（羽蛇神）。羽蛇神源自特奥蒂瓦坎文明，后被玛雅人借鉴，玛雅人在后古典期对羽蛇神极其尊崇。

象形文字

玛雅人用于书写表达的雕刻或绘画符号。

雅鲁克

雷霆和闪电之神，在玛雅传说中，雅鲁克常常被描绘成上了年纪的男性。雅鲁克释放的雷电是解放压在巨石之下玉米的关键。起初，雅鲁克由于年事已高，不愿意释放玉米，他的两个助手卡库尔哈和科尤帕决定尝试击碎巨石。但是，两个助手均不能成功破石，而且此事闹得沸沸扬扬。最终，雅鲁克决定亲自出马，释放出了玉米，自此玉米遍布整个大地。

伊希切尔

伊扎姆纳的妻子，是月亮之神和产妇的守护神，她创造了织物。伊希切尔具有两面性，除了善神的身份，她还代表着破坏元素——水，这也是引发洪水的因素。伊希切尔常被描绘成愤怒的老妇人，头上有一条扭曲盘绕的蛇，裙衩上绘有交叉骨头的恐怖图案。

伊希塔布

掌管自杀的女神，在常被描绘的形象中，她的脖子上缠绕着一根伸向天空的绳子。伊希塔布双眼紧闭，脸颊上有一个黑圈，据说这是身体腐烂的标志。

伊扎姆纳

胡纳伯的儿子，也是天神和昼夜之神，常被描绘成一位没有牙齿、上了年纪的老人。作为天神，他常与太阳神奇尼奇·阿豪、月亮之神伊希切尔联系在一起。伊扎姆纳的成就之一就是创造了书籍和文字。

鹰

托尔特克人和玛雅–托尔特克人（即后来的阿兹特克人）认为，鹰象征着一群因身份特殊而团结在一起的战士，他们是军事和宗教领域的重要人物。

尤姆·卡克斯

作为一位善神，他象征着繁荣和丰饶。尤姆·卡克斯是玉米神、农业之神和富饶之神。他常被描绘成一个戴着玉米穗头饰的青年。

羽毛制品

以彩色羽毛组合搭配为基础的华丽装饰，常置于服饰和头饰之上。通常只有贵族阶层和战士才会使用羽毛，因此羽毛是一种社会等级的象征。

玉石

属于半宝石类别，通常呈绿色，与许多相同颜色的矿物（如软玉和翡翠）有关。奥尔梅克人和玛雅人认为，绿色是生命的象征，是一种神奇的颜色。玛雅君王的陵墓中就有珠宝和玉制面具，它们作为护身符随葬。

蒸汽浴室

在大城市住宅旁修建的蒸汽浴室。

卓尔金历

玛雅的神历，是四维银河周期校准器，其测量出的银河周期是260天，它呈现出谐波模块的形式，是对银河时间的四维测量。